Correspondance de Madame Gourdan, dite la Comtesse; avec un recueil de chansons à l'usage des soupers de chez Madame Gourdan.

Charles Théveneau de Morande

ECCO
PRINT EDITIONS

Correspondance de Madame Gourdan, dite la Comtesse; avec un recueil de chansons à l'usage des soupers de chez Madame Gourdan.

Théveneau de Morande, Charles
ESTCID: T139072
Reproduction from British Library
Not in fact by Madame Gourdan; probably by Charles Théveneau de Morande. The imprint is false; probably printed in France.
Londres [i.e. Paris?] : chez Jean Nourse, 1784.
[4],204p.,plate ; 16°

Eighteenth Century
Collections Online
Print Editions

Gale ECCO Print Editions

Relive history with *Eighteenth Century Collections Online*, now available in print for the independent historian and collector. This series includes the most significant English-language and foreign-language works printed in Great Britain during the eighteenth century, and is organized in seven different subject areas including literature and language; medicine, science, and technology; and religion and philosophy. The collection also includes thousands of important works from the Americas.

The eighteenth century has been called "The Age of Enlightenment." It was a period of rapid advance in print culture and publishing, in world exploration, and in the rapid growth of science and technology – all of which had a profound impact on the political and cultural landscape. At the end of the century the American Revolution, French Revolution and Industrial Revolution, perhaps three of the most significant events in modern history, set in motion developments that eventually dominated world political, economic, and social life.

In a groundbreaking effort, Gale initiated a revolution of its own: digitization of epic proportions to preserve these invaluable works in the largest online archive of its kind. Contributions from major world libraries constitute over 175,000 original printed works. Scanned images of the actual pages, rather than transcriptions, recreate the works *as they first appeared.*

Now for the first time, these high-quality digital scans of original works are available via print-on-demand, making them readily accessible to libraries, students, independent scholars, and readers of all ages.

For our initial release we have created seven robust collections to form one the world's most comprehensive catalogs of 18th century works.

Initial Gale ECCO Print Editions collections include:

History and Geography
Rich in titles on English life and social history, this collection spans the world as it was known to eighteenth-century historians and explorers. Titles include a wealth of travel accounts and diaries, histories of nations from throughout the world, and maps and charts of a world that was still being discovered. Students of the War of American Independence will find fascinating accounts from the British side of conflict.

Social Science

Delve into what it was like to live during the eighteenth century by reading the first-hand accounts of everyday people, including city dwellers and farmers, businessmen and bankers, artisans and merchants, artists and their patrons, politicians and their constituents. Original texts make the American, French, and Industrial revolutions vividly contemporary.

Medicine, Science and Technology

Medical theory and practice of the 1700s developed rapidly, as is evidenced by the extensive collection, which includes descriptions of diseases, their conditions, and treatments. Books on science and technology, agriculture, military technology, natural philosophy, even cookbooks, are all contained here.

Literature and Language

Western literary study flows out of eighteenth-century works by Alexander Pope, Daniel Defoe, Henry Fielding, Frances Burney, Denis Diderot, Johann Gottfried Herder, Johann Wolfgang von Goethe, and others. Experience the birth of the modern novel, or compare the development of language using dictionaries and grammar discourses.

Religion and Philosophy

The Age of Enlightenment profoundly enriched religious and philosophical understanding and continues to influence present-day thinking. Works collected here include masterpieces by David Hume, Immanuel Kant, and Jean-Jacques Rousseau, as well as religious sermons and moral debates on the issues of the day, such as the slave trade. The Age of Reason saw conflict between Protestantism and Catholicism transformed into one between faith and logic -- a debate that continues in the twenty-first century.

Law and Reference

This collection reveals the history of English common law and Empire law in a vastly changing world of British expansion. Dominating the legal field is the *Commentaries of the Law of England* by Sir William Blackstone, which first appeared in 1765. Reference works such as almanacs and catalogues continue to educate us by revealing the day-to-day workings of society.

Fine Arts

The eighteenth-century fascination with Greek and Roman antiquity followed the systematic excavation of the ruins at Pompeii and Herculaneum in southern Italy; and after 1750 a neoclassical style dominated all artistic fields. The titles here trace developments in mostly English-language works on painting, sculpture, architecture, music, theater, and other disciplines. Instructional works on musical instruments, catalogs of art objects, comic operas, and more are also included.

The BiblioLife Network

This project was made possible in part by the BiblioLife Network (BLN), a project aimed at addressing some of the huge challenges facing book preservationists around the world. The BLN includes libraries, library networks, archives, subject matter experts, online communities and library service providers. We believe every book ever published should be available as a high-quality print reproduction; printed on-demand anywhere in the world. This insures the ongoing accessibility of the content and helps generate sustainable revenue for the libraries and organizations that work to preserve these important materials.

The following book is in the "public domain" and represents an authentic reproduction of the text as printed by the original publisher. While we have attempted to accurately maintain the integrity of the original work, there are sometimes problems with the original work or the micro-film from which the books were digitized. This can result in minor errors in reproduction. Possible imperfections include missing and blurred pages, poor pictures, markings and other reproduction issues beyond our control. Because this work is culturally important, we have made it available as part of our commitment to protecting, preserving, and promoting the world's literature.

GUIDE TO FOLD-OUTS MAPS and OVERSIZED IMAGES

The book you are reading was digitized from microfilm captured over the past thirty to forty years. Years after the creation of the original microfilm, the book was converted to digital files and made available in an online database.

In an online database, page images do not need to conform to the size restrictions found in a printed book. When converting these images back into a printed bound book, the page sizes are standardized in ways that maintain the detail of the original. For large images, such as fold-out maps, the original page image is split into two or more pages

Guidelines used to determine how to split the page image follows:

• Some images are split vertically; large images require vertical and horizontal splits.
• For horizontal splits, the content is split left to right.
• For vertical splits, the content is split from top to bottom.
• For both vertical and horizontal splits, the image is processed from top left to bottom right.

CORRESPONDANCE

DE

MADAME GOURDAN,

DITE

LA COMTESSE;

~~Avec un recueil des Chansons à l'usage des fou-peurs de chez Madame Gourdan.~~

O tempora ! o mores !

L O N D R E S,

Chez J**EAN** N**OURSE**, Libraire.

1784.

*pour servir a l'histoire des
mœurs du siecle.*

PREFACE

DE

L'ÉDITEUR.

L'ACCUEIL favorable que le
Public a fait au Porte-feuille de
Madame Gourdan, m'a déterminé
à faire mes efforts pour ~~me~~ procurer ~~le reste de sa correspondance.~~ *m'en une*
~~La chose n'étoit pas facile : les~~ *collection*
~~mêmes occasions se rencontrent rare-~~ *complètes*
~~ment. Mais ayant conservé quel-~~ *je n'y*
~~ques rélations chez cette dame~~ *suis*
~~je suis~~ parvenu, ~~à l'aide d'une de~~ *Sans*

Sa mort. alors j'ai traité avec

Son héritier de toutes Sa

~~fes demoifelles, à avoir ce qui m'étoit~~
~~échappé. Je m'empreffe d'en faire~~
~~part au public, efpérant qu'il m'en~~
~~faura gré. Et afin qu'il puiffe avoir~~
~~cette~~ correfpondance ~~complette, j'ai~~
~~cru devoir en faire une édition gé-~~
~~nérale en un feul volume.~~ je

m'empreffe de la Donner
au public, que je
conuue mon ouvrage
acquable de fire conta
furive à la connaissance
des maux du fiecle.

CORRESPONDANCE

DE

MADAME GOURDAN,

DITE

LA COMTESSE.

De M. le Comte de G***.

De Douay ce 19 Sept. 1773.

Notre régiment, ma chere ~~Gourdan~~, vient coucher à St Denis le 3 Octobre ; il me sera impossible, de même qu'à mes camarades, de m'absenter, vu que notre commandant est des plus rigides. C'est pourquoi je vous prie de  m'amener trois Demoiselles (1) au (A) ~~pavillon royal~~. Vous

(1) C'est ainsi qu'on appelle les filles libertines.

pourriez même, fi (2) vos affaires vous
le permettoient, venir nous trouver à Senlis, où nous ferons le premier Octobre Si
vous ne pouvez venir, envoyez-nous un de
vos aide-de-camp, & vous viendrez chercher vos demoiselles ~~dans~~. Vous favez que
vous avez toujours été contente de moi.
~~J'espere que vous n'aurez pas lieu de vous~~
~~plaindre cette fois plus que les autres.~~ Au
plaifir de vous voir à Senlis ou à St. Denis.

Le trois

Du Vicomte de S***.

De Valenciennes ce 29 Sept. 1773.

~~J'ai vécu~~ tout cet été, ma chere ~~Gour-~~
~~dan~~, avec une gentille petite grifette. Elle
veut que je la mene à Paris, où je paffe en
allant en femeftre. Je n'ofe y confentir,
parce que je crains qu'elle ne foit malheureufe. Je ne ferois pas inquiet d'elle, fi vous
vouliez vous en charger C'eft vraiment un
morceau de roi, & je vous affure que vous
en tireriez un parti très-avantageux Répondez-moi fur le champ. D'après ce que

+ j'ai vécu

Retisco

TUDO NESSE VERÃO   gourdan
GRANDE
CONFUZA/LEVE   ONDE EU
EU NÃO ESTOU PREOCUPADO com ela   SE VOCÊ
QUIZER MUDAR   É REALMENTE UMA
Gentille - AGRADÁVEL   FUGIU DO CAMPO   DAQUI

vous me manderez, (3) je verrai ce que j'aurai à faire. Croyez, ma chere Gourdan, que je saurai reconnoître vos soins auprès de ma petite Il n'y a que quatre mois que je lui ai donné la premiere leçon d'amour, & comme je ne suis pas un *roué*, elle est peu savante & aura besoin de vos leçons, & sous un maître tel que vous, je ne doute pas qu'elle ne soit experte dans peu Adieu.

De M. le Baron de F**
Paris ce 10 Octob. 1773

ON l'afre dit à moi, Matame, que chez fous on l'a grantement d'amusement. Si fous trouvez pon moi l'y aller souper temain, j'y prie Matame que la Mamzell soit brune: moi l'aime pas les blondes, l'y avoir la œil considérablement langoureux ; au lieu que le brune l'y afre l'œil plein d'amour Moi être le serviteur de Matame, & le prier d'écrire à moi par la (A 2) porteur du présent.

De Mademoiselle EULALIE.

Paris ce 24 Octob. 1773

JE suis fâchée, ma chere maman (*) de ne pouvoir me rendre à vos ordres, mais la personne avec laquelle je vis ne me laisse pas un moment de liberté, & il m'est impossible de la tromper. Croyez que c'est avec regret que je ne puis vous donner des preuves que je suis reconnoissante des obligations que je vous ai, & que je n'oublierai de ma vie.   Votre chere enfant

De M. le Marquis de R**.

D'Arras le 7 Novembre 1773.

J'ARRIVERAI, ma chere Gourdan, le 10 au soir à Paris. J'ai obtenu une permission de m'absenter pour huit jours seulement. Je me propose d'en passer quatre chez vous. Faites moi tenir un appartement prêt. Je

(*) Nom que donnent les demoiselles de Paris à celles qui les procurent

veux avoir Rofette (5) pour tout ce tems-
là. Je prendrai le nom de Forban, ainfi, fi
vous fortez le 10, dites chez vous que lorfque M Forban viendra, on le conduife à
la chambre que vous ~~lui avies~~ deftiné̃ Faites ~~furtout qu'il y un~~ bon feu, & que Rofette m'y attende. Adieu, ma chere Gourdan, je vous fuis toujours très-attaché &
vôtre fidelle pratique Du fecret furtout,
& brúlez ma lettre]

+ me

++ faire un

De Mademoifelle VICTOIRE.

Paris ce 27 Décembre 1773.

JE ferai prête, ma chere maman, quand
vous me viendrez prendre ~~demain~~ pour
aller au concert. Croyez que je ne néglige-
rai rien pour ma parure. Il étoit inutile
que vous me le recommandiez fi fort.
L'extrême envie que j'ai de plaire fait que
je fuis fans ceffe devant mon miroir à exa-
miner ce qui me va le mieux & à étudier
mes geftes. A demain, chere maman;
je fuis, on ne fauroit plus fenfible à vos
bontés. Votre (A 3) affectionnée.

De M. N**.

Paris ce 10 Décembre 1773.

CE foir, Madame, je menerai ~~plusieurs personnes~~ foupei chez vous ~~C'eſt une partie que j'ai liée hier au ſpectacle chez Audinot, avec des~~ *plusieurs* Provinciaux, autrement dit des oiſeaux de paſſage. Il ne faut pas que vous ayez l'air de me connoître, non plus que vos gens. Vous aurez foin de les en prévenir, Je ferai ſemblant de payer ma part. On peut ~~les écorcher fans ſcrupule &~~ faire monter le mémoire ~~auffi haut que poſ-ſible~~, ils ſont tout neufs ~~Faites enſorte~~ *il* ~~que~~ *faudra* nous ~~foyons~~ *faire* ſervir dans la ſalle ~~qui eſt fur~~ de derriere Le fouper pourra être bruyant, les Provinciaux ayant pour l'ordinaire une gayeté éclatante A ce foir. Votre trés-humble & tres-obéiſſant ſerviteur.

+ *hier j'ai liée cette partie cher Audinot*

De Milord F **.

De Londres le 16 Décembre 1773.

COMME j'ai oui dire, Madame, que vous connoiffez toutes les demoifelles de Paris, & qu'on ne pourroit mieux faire que de s'adieffei à vous pour avoir une jolie maîtieffe Je vous prie de m'en tenir une toute prête pour mon arrivée qui fera du 15 au vingt Janvier. Voici comme je la veux : âgée de 16 à 18 ans, blonde, de cinq pieds fix pouces, taille fvelte, les yeux bleus & langoureux, la bouche petite, la main jolie, la jambe fine & le pied mignon. Si vous me la trouvez telle, il y auia cinquante louis pour vous. Adreffez-moi votre réponfe à mon paffage à Calais, à l'auberge de Deffaint.

De M. P **. *Commis de la Police.*

Paris ce 27 Décembre 1773.

VOUS avez, Madame, bien des ennemis. On vient de donnei un nouveau mémoire à la Police† (A 4) contie vous. Je

† à la police

l'ai mis de côté, (8) & ne le préfenterai à monfeigneur le lieutenant de Police que ce foir à fix heures, en faifant mon travail avec lui Si vous voulez venir chez moi fur les quatre heures, je vous le communiquerai Nous conférerons auffi enfemble fur ce que je pourrai dire en votre faveur. Croyez, Madame, que vous n'êtes pas feule qui ayiez du chagrin. Il vient de me manquer une rentrée de vingt-cinq louis, ce qui me met dans l'embarras, ayant demain un billet à payer. Perfonne, Madame, ne vous eft plus attaché que moi. Je vous attends à quatre heures.

De M. le Marquîs de N * *.

Paris ce 28 Décembre 1773.

JE ne puis m'empêcher de convenir, ma chere Gourdan, que les filles que vous m'avez envoyées hier à ma petite maifon, ne foient charmantes; mais elles ont fait les bégueules, & n'ont pas voulu fe prêter aux fantaifies de la fociété. Je vous prie, une

autre fois, de ne (9) pas m'envoyer de
ces prudes-là Jeudi, il me faudra du joli
& du roué de la derniere efpece ; j'ai le duc
de F. & le comte de G   C'eft vous en dire
affez. Adieu, ma chere ~~Gourdan~~, fervez-
moi bien ; vous favez que je fuis une bonne
pratique.

De M. PROVENCE, *Parfumeur.*

Paris ce 2 Janvier 1774.

JE viens de faire, Madame, une décou-
verte des plus utiles au fexe charmant qui
rampe fous vos loix. C'eft une pommade
aftringente qui opère fon effet en moins
d'un quart-d'heure, & donne un air de nouveauté aux chofes qui ont le plus fervi Le
pot eft du prix d'un louis. Je vous en en-
voie un que je vous prie d'accepter pour en
faire l'effai. Votre très-humble & très-obéiffant ferviteur.

P. S. Mon adreffe eft rue Trouffe-vache,
à la Fontaine de Jouvence. On trouve auffi
chez moi des eaux pour rendre la peau blan-

che, des bombons (10) pour corriger l'o-
deur de la bouche ; & généralement tout
ce qu'il faut pour rajeunir une femme & lui
donner de la beauté.

De M L**.

Paris ce 2 Janvier 1774.

JE me rendrai demain chez vous. Je veux
une autre fille pour me donner le fouet.
Celle que j'avois l'autre jour étoit gauche,
& ne savoit pas son métier. Je paye assez
pour être bien servi. Quant à celle que j'ai
fouettée, j'en suis assez content Prévenez-
là qu'à la premiere séance je resterai plus
long-tems & la fouetterai beaucoup plus Si
cela ne lui convient pas, ayez-en une autre.

De M. LÉONARD, usurier & agioteur

Paris ce 3 Janvier, à 9 heures du matin.

JE trouve, Madame, une occasion très-
avantageuse de vous defaire des bijoux
dont vous m'avez parlé. M. le comte de S
cherche à faire une affaire en lettre de chan-

ge à trois, fix, (11) & neuf mois. Il ne payera peut-être pas à l'échéance, mais il n'y a rien à perdre. Il s'agit seulement, en conféquence du retard qu'on peut éprouver, de prendre un gros intérêt. Comme M le Comte eft preffé, il n'y regardera pas de fi près. Faites-moi réponfe tout de fuite par le porteur du préfent.

De Mademoifelle VICTOIRE.

De Saint-Martin (1) le 4 Janv 1774.

Si vous n'avez, Madame, la bonté de vous intéreffer pour moi, je fuis perdue. Voici l'aventure qui m'eft arrivée Mardi dernier j'ai été chez Nicolet (2) Trois jeunes gens m'ont offert de me donner à fouper chez moi. J'ai accepté Le fouper a été des plus gai, on a beaucoup bu. Qand il a fallu payer, ces trois jeunes gens ont pris querelle entr'eux, & auffi-tôt ont mis l'épée à la main. En vain j'ai voulu les empê-

(1) Prifon de Paris, deftinée aux filles de mauvaife vie.

(2) Spectacle des Boulevards.

cher. J'ai appellé (12) au fecours. La garde qui paffoit eft montée, & eft entrée dans ma chambre au moment qu'un de ces étourdis tomboit noyé dans fon fang. On a arrêté tout le monde & on a été chercher un commiffaire avec un chirurgien. Le premier, après avoir dreffé fon procès-verbal, m'a envoyé à Saint-Martin, les férailleurs à l'Abbaye, & le bleffé ~~a été tranfporté~~ chez lui Sa vie eft en danger. Vous voyez, Madame, mon innocence. J'attends tout de vous, d'après les offres réitérées que vous m'avez faites de m'être utile dans l'occafion.

J'ai l'honneur d'être, Madame, avec un refpectueux attachement, votre très-humble & très-obéiffante fervante.

De Mademoifelle GRÉPAU.

Paris ce 17 Avril 1774.

—

JE m'ennuie, Madame, de danfer chez Audinot, il nous mène à coups de pied dans le cul. Vous jugez bien que celà ne nous amufe pas. Je ferois bien plus

contente fi vous (13) pouviez me procurer un entreteneur. Je ferois grande dame & ma maîtreffe. Vous pourriez compter fur ma reconnoiffance & être affurée
que je me prêterois à *toutes les infidélités*
que vous exigeriez de moi. De grace, tachez, Madame, de me trouver quelqu'un
qui veuille m'entretenir ; j'ai quatorze ans
& demi, cela pourra dédommager de ce
que je ne fuis pas très-jolie.

J'ai l'honneur d'être, Madame, votre
très-humble & très-obéiffante fervante.

De M. le Vicomte de M * *.

Paris ce 15 Mai 1774.

DEPUIS long-tems j'ai envie d'un pucе-
lage. Si vous m'en trouvez un, n'importe
l'âge & la figure, il y a quarante louis pour
vous. Tachez que je paffe vîte ma fantaifie.
Les chofes qui fe font trop défirer perdent
de leur prix.

De Mademoiselle FANCHON.

Lundi le 7 Juillet 1774.

Madame,

JE me ferois rendue chez vous au reçu de votre billet, si je n'étois incommodée, mais dans trois jours je me porterai bien, & j'aurai l'honneur d'aller vous voir. Je suis bien fâchée que cette circonstance retarde mon apparition aux spectacles Je brûle d'être dans le chemin de la fortune & du bonheur.

J'ai l'honneur d'être avec respect, Madame, votre très-humble & très-obéissante servante.

De M. l'Evêque de C**.

Paris ce 15 Décembre 1774.

VOUS mériteriez que je vous fisse mettre à l'hôpital (1). J'ai reçu chez vous un fameux coup de pied de Vénus, qui m'o-

(1) Maison de correction auprès de Paris où l'on met les femmes de mauvaise vie.

blige de quitter (15) la capitale pour aller rétablir ma fanté dans mon diocèfe. On a bien raifon de dire, qu'il n'y a plus de probité & qu'on ne fait à qui fe fier.

De Monfieur **.

A fix heures, du Café de la Régence.

JE ne pourrai vous mener ce foir le Baron allemand. Je fors de dîner chez lui. Il a tant bu qu'on a été obligé de le mettre dans fon lit. Je vais voir au fpectacle fi je ne trouverai perfonne pour le remplacer. Faites payer le porteur.

De M. le Duc de T**. Italien.

Paris ce 16 Janvier 1775.

D'APRÈS l'eloge que m'a fait M. le comte de S**. de votre maifon, je me propofe d'aller chez vous ~~ce foir~~, il m'a affuré que vous aviez de quoi ~~contenter~~ le goût de toutes les nations. Pour moi je tiens fort à celui de mon pays, dont je me trouve très-

bien. Si je fuis (16) content , comme
je l'efpere, comptez, Madame, que ce ne
fera pas la feule fois que j'aurai le plaifir
d'aller chez vous.

De Mademoifelle EULALIE

Paris ce 17 Janvier 1775.

J'AI maintenant , ma chere maman, un
entreteneur que je peux tromper tout à mon
aife. Ainfi je ferai à vos ordres quand vous
voudrez, moyennant que vous me ferez
avertir deux heures d'avance. Je n'oublierai jamais, ma chere maman, toutes les
obligations que je vous ai , puifque c'eft
vous qui m'avez mife dans le monde. Vo:
tre chere enfant

De Monfieur **.

Paris ce 15 Mars 1775.

J'AI reçu votre lettre de reproche. Vous
êtes par trop exigeante; fi vous continuez
il faudra nous féparer. Depuis que nous
vivons enfemble, j'ai refufé les offres les
plus

plus avantageufes ; (17) mais j'ai un foible pour vous, vous le favez bien, & voilà ce qui fait que vous agiffez comme vous le faites. Mais je vous avertis que je me corrigerai, fi vous ne changez. Envoyez-moi vingt-cinq louis dont j'ai le plus preffant befoin. Je vous en remercierai ce foir en allant fceller notre raccommodement. Votre fidel. *ami*

De M. **. *Chirurgien.*

Paris ce 18 Août 1775.

j'ai été

ce matin, Madame, vifiter les demoifelles dont vous m'avez parlé , je puis affurer le la fanté de toutes, excepté de Rofette, qui a befoin de faire quarantaine. Quant à Julie, elle eft dans un tems où l'on ne peut rien décider.

De M. l'Abbé de J**.

Ce Samedi.

CE foir, fur les cinq heures, je me rendrai chez vous par la porte de derriere. Du joli & le boudoir (B) aux glaces.

De Madame N * * *.

JE fuis, Madame, la plus malheureufe de toutes les femmes. J'ai pour mari un vieil hibou, avare, âgé de foixante-dix ans Il ne me procure aucun plaifir, & ne me donne pas même de quoi avoir la moindre mode nouvelle, de maniere qu'il n'y a pas la plus petite bourgeoife du quartier qui ne foit mieux mife que moi, qui ai dix-neuf ans, & fuis très-jolie ; vous jugez bien qu'ayant époufé un magot comme mon mari, c'eft qu'il eft riche, & que je n'ai rien. Je veux me venger, Madame, de fes procédès, en lui faifant mille infidélités. Auffi je vous offre mes fervices. Je fuis affez libre de fortir quand je veux, pourvu que je fois prevenue quelques heures d'avance. Vous ferez peut-être étonnée de ma lettre, n'ayant pas l'honneur d'être connue de vous ; mais c'eft Madame *** mon amie, à qui vous avez rendu fervice autrefois, qui, fachant mes intentions, m'a confeillée de m'adresser (19) à vous, pouvant compter sur votre discrétion, & que vous ne me mettriez dans aucun embarras.

Je suis, Madame, avec des sentimens d'attachement, votre très-humble & très-obéissante servante.

De M. le Duc de C**

Paris ce 8 Nov. 1775.

J'AI rencontré hier matin une jolie petite fille, elle demeure rue St. Denis, dans la maison où est la boutique de la balayeuse, au troisieme sur le devant. Elle s'appelle Josephine, est orpheline & loge chez sa tante, ouvriere en linge ; il y a vingt-cinq louis pour vous si je puis l'avoir d'ici à huit jours. Une fille de cette espece ne doit pas être difficile à séduire.

De M. le Comte de B**.

à Gravelines, ce 20 Déc, 1775.

JE suis, ma chere Gourdan, confiné à mon régiment, qui (B 2) est en garnifon dans la plus (20) détestable ville de France. Pas une grisette, rien que des filles dégoûtantes & qui feroient débander un carme. Vous me feriez plaisir de tâcher de me trouver une fille qui voulut venir vivre avec moi. Il faudra qu'elle soit habillée en jaquet, & passe pour être le mien. Sans cela le commandant de la ville & du régiment ne le souffriroit pas. Diable ! on a de la vertu en province. Je lui donnerai dix louis par mois, défrayée de tout & elle mangera dans ma chambre. Si vous me rendez ce service, ma chere Gourdan, il y a dix louis pour vous, & comptez que je ne l'oublierai jamais. Vous savez que j'ai toujours été un de vos plus zélés partisans.

De M. L**.

ce 30 Decembre ~~Gedtendi.~~ *17*

AYANT beaucoup joui dans ma jeunesse, & étant âgé de cinquante-cinq ans, il faut quelque chose qui me ranime pour pouvoir encore sentir mon existence. Un seul spec-

De Monsieur M xxx.

ce 31 decembre 1775.

Demain, comtesse, j'irai passer la journée chez
vous je veux esquiver la visite d'un tas de commis
qui viendront pour me souhaiter la bonne année
il me faudroit entendre une infinité de sots
compliments. ah! quel usage? quand l'aboliva
-ton?

tacle me procure (21) cette douceur ; c'eſt de voir deux femmes nues ſe donnant réciproquement du plaiſir. Si vous pouvez me le procurer, je me rendrai chez vous jeudi à quatre heures d'après-dîné.

De Monſieur **.

Paris ce 14 Février 1776.

Madame,

J'AI fait hier la connoiſſance de deux Anglois qui ſont nouvellement arrivés, je leur ai propoſé de venir ~~enfin~~ ſouper chez vous, ils l'ont accepté. Vous ſavez qu'il faut des grandes femmes pour ces Meſſieurs, c'eſt le goût de leur nation. Envoyez-moi par le porteur deux louis à compte de mes honoraires, j'en ai beſoin pour retirer un habit de gage, & aller aux Italiens, où eſt notre rendez-vous.

J'ai l'honneur d'être avec reſpect, Madame, votre très-humble & très-obéiſſant ſerviteur.   (B 3)

De M. le Préſident de N**,

Paris ce 20 Février 1776.

lundi N'OUBLIEZ pas de m'envoyer ~~lundi~~ la petite fille dont vous m'avez parlé. Il faut qu'elle ſoit miſe en bourgeoiſe & ~~ſoit~~ accompagnée d'une femme d'un certain âge, qui paſſera pour ſa mere. Elles doivent avoir un papier à la main comme ſi elles venoient me préſenter une requête. Je donnerai des ordres en conféquence à ma porte. Elles prendront le nom de Dubois. Comptez ſur ma reconnoiſſance; quant à ma générofité, elle vous eſt connue.

De Mademoiſelle LOLOTTE.

Lyon ce premier Mars 1776.

DEPUIS près d'un an, Madame, je figure ſur le théâtre de cette ville, & même y danſe quelquefois dans les ballets. Je vois bien que cet état ne peut me mener à la fortune, ni même que je puiſſe la faire dans cette ville, où il y a très-peu d'é trángers, que les (23) femmes qu'on appelle honnêtes , & qui ne font rien moins, nous enlevent. Quant aux négocians , ils ont de petites gisettes à trente-fix livres par mois, ainfi vous voyez qu'il faut végéter & perdre fon tems Si j'avois le bonheur que Madame voulût bien me promettre de fe charger de moi, je partirois ~~à Pâques~~ pour Paris. Je ne vous mande rien de ma figure, mais, afin que vous en puifiez juger, je vous envoye mon portrait, quant à ma taille, elle eft ordinaire. Mon pied eft fait pour la danfe ; ma main eft jolie, on a fouvent trouvé qu'elle favoit donner bien du plaifir.

J'ai l'honneur d'être , Madame, avec refpect, votre très-humble & très-obéiffante fervante.

De M. de B**, *Eleve de l'Académie de Peinture.*

Paris ce premier Mai 1776.

J'AI , Madame, la collection des poftures de l'Arétin en quarante tableaux ovales. Comme je vais (B 4) à Rome, je défire de m'en défaire; (24) je crois que cela ne convient à perſonne mieux qu'à vous, pour orner vos boudoirs. Le prix eſt de mille écus; j'en ai refuſé, il y a un an, cent louis de M. le duc de **. Si vous voulez les ~~menir~~ voir, je ſerai chez moi toute l'après-diné & demain toute la matinée.

De M. le Baron de P**.

Verſailles ce 15 Juin 1776.

DEMAIN, Madame, je deſcends ma garde. Je menerai ſouper chez vous ~~lundi~~ un jeune officier de notre régiment. Il eſt tout neuf ; n'oubliez pas d'arranger le mémoire de maniere que la moitié paye la dépenſe totale. Vous ſavez que c'eſt nos conventions. Adieu, Madame, à lundi. La jeuneſſe de Paris devroit vous élever une ſtatue en conſidération des ſervices que vous lui rendez. Je ſuis tout à vous.

De Mademoifelle LE BEL.

Paris ce 6 Sept. 1776.

SI vous voulez, maman, me mener avec vous au concert qu'il y aura après demain, vous m'obligerez beaucoup. J'ai une belle robe d'automne que je voudrois étrenner, & voilà bientôt le tems du terme qui approche, j'aurai bien befoin de le gagner. Vous favez, chere maman, mon attachement pour vous.

De M. le Vicomte de B **.

Paris ce 15 Octobre 1776.

J'AI vu hier aux Italiens la maîtreffe du Marquis de G * *. Faites - moi, je vous prie, avoir un tête-à-tête avec elle ~~chez~~ +chez vous ~~vous~~ ; car on ne peut aller chez elle à caufe de la jaloufie du Marquis; cela ne doit pas vous être difficile. On m'a dit que c'était une de vos enfans. (1)

(1) nom que l'on donne aux ~~c'est~~ ... ~~j'appelle ... les~~ demoifelle ~~ne~~ Madame Gourdan ~~de~~ ... ~~de débauchées,~~ ... on appelle ~~auffi,~~ ... ~~de même~~ les démoifelles qu'elle a eu ... ~~dans~~ ... dans Son Sérail.

De M. de M**, *Fermier-Général.*

Paris ce 10 Novembre 1776.

IL y a long-tems, ma chere Gourdan, que je n'ai pu aller chez vous, ma diable de goute m'a forcé de garder la chambre un mois, m'en voilà à la fin débarraffé. ~~Faites-moi tenir pour~~ jeudi après le fpectacle la porte de derriere ouverte. Penfez à m'avoir du joli & du bourgeois. Vous favez bien que j'aime la grifette, & qu'il n'y a que cela qui me rajeunit. A jeudi fans faute, ma chere Gourdan

—moi tenir

De Madame **.

Paris ce 16 Décembre 1776.

aujourd'hui JE ne pourrai, Madame, me rendre chez vous ~~aujourd'hui~~, à caufe que mon mari étant malade, ne pourra aller vaquer à fes occupations ordinaires. On eft bien malheureufe quand on n'eft pas fa maîtreffe & qu'on dépend d'un mari. Au plaifir de vous voir le plutôt poffible.

il

De Mademoiſelle MARIANNE.

D'Amiens ce 5 Janvier 1777.

Madame ,

Vous ſaviez donc que j'avons dix-ſept ans , & que un grand enjoleux de filles de ces gardes - du - corps m'avons fait un enfant l'année paſſée , ſous la promeſſe qu'il m'avoit fait de me mener à Paris, où je pourrions faire fortune étant aſſez jolie. Hé bien ! Madame, je vous diſons donc que ce grand diable là ne m'avons pas tenu parole, & m'a bouté là pour raverdir. Je ne ſavons que devenir , mes parens ne voulions plus de moi chez eux. Un de ces gardes-du-corps à qui je me ſommes adreſſé, m'avons dit , en me donnant votre adreſſe, que vous étiez une brave dame qui prenions pitié des pauvres filles. Or donc, Madame, j'avons pris la liberté de vous écrire. J'eſpérons tout de vos bontés, & je vous prions de me faire une réponſe, que j'attendons avec grand impatience. Je ſommes logé à (28) la cıoix blanche, rue de la femme ſans tête. Je ſommes, Madame, avec le plus profond reſpect,

Votre très-humble & très-obéiſſante Servante.

De Monſieur **.

JE viens, Madame, de faire l'hiſtoıre des plus fameuſes Laıs de Parıs; j'ai pris la liberté de vous la dédıer. Cet hommage vous eſt bıen dû, puiſque quantıté des héroınes font vos éleves. Je ſuis, Madame, votre très-humble & tıès-obéiſſant ſervıteur.

De Madame VERATÉ, *uſuriere & agioteuſe.*

Parıs ce 15 Novembre 1777.

J'AI, Madame, entre les maıns une pacotille de marchandiſes d'affaıres compoſée de ſatins, muſulmanes, gros-de, tours.

taffetas & bas de (29) foye ; comme la perfonne qui les fait vendre eft très-preffée d'avoir de l'argent comptant, on aura ces marchandifes à cent pour cent de perte. Je fuis, Madame, votre très-humble & très-obéiffante fervante.

De M. H**, *Peintre italien.*

Paris ce 4 Mai 1778.

Vous me feriez plaifir, Madame, fi vous pouviez me procurer une belle femme pour me fervir de modele pour une Vénus. N'importe la taille, j'aimerois cependant mieux qu'elle fut grande. Je n'en aurai befoin que trois ou quatre féances. Je donnerai un louis chaque. Je défirerois bien, Madame, l'avoir d'ici à une quinzaine de jours. Adreffez-moi votre réponfe à l'hôtel de Hollande, rue traverfiere St. Honoré.

De M. PEXIOTO (1).

chez vous vers

demain

Ce Samedi,

JE me rendrai ~~demain fur~~ les dix heures du matin ~~chez vous~~. N'oubliez pas d'avoir des plumes de Paon tout ce qu'il y a de plus beau.

(1) L'Editeur de ces Lettres a cru inutile de retrancher le nom de ce Banquier & de n'y laisser que la lettre initiale. Il auroit été re-connu tout-de-suite, dès qu'on auroit vu dans ce Billet qu'il est parlé de plumes de Paon, n'y ayant pas deux personnes qui aient le goût de M Pexioto, qui est de se mettre nud & marcher à quatre pattes par la chambre, après s'etre fait mettre des plumes de Paon dans le derriere. La demoiselle avec qui il est, est obligé de lui frotter le dos, en disant. ah ! le beau Paon. On assure aussi que ce Banquier a le goût Italien, & qu'il a donné en 1781 mille louis à Michu, acteur de la comédie italienne, pour passer une nuit avec lui.

De Mademoiſelle ROSE.

Paris ce 6 Juin 1778.

J'AI appris, ma chere maman, que mes parens, de la maiſon de qui je ſuis ſortie ſans leur conſentement, ayant ſçu que j'étois ici, font venus pour me faire enfermer. Je ſuis une fille perdue, ſi vous n'avez pitié de moi Ne négligez rien en ma faveur auprès des protections que vous avez à la Police. Vous ſavez, ma chere maman, que je vous ſuis toute dévouée; j'attends tout de vos bontés, & ſuis dans des tranſes mortelles, juſqu'à ce que j'aye de vos nouvelles. Ne m'abandonnez pas de graces

De Monſieur **.

Paris ce 6 Octobre 1778.

IL y aura demain, Madame, courſe de chevaux au bois de Vincennes Ne manquez pas d'y aller avec cette nouvelle dé-

barquée Si elle (32) pouvoit donner
dans l'œil de Monfieur le comte ~~de~~ D **.
C'eſt un amateur, cela ſeroit fort avanta-
geux. Il faut que cette jeune perſonne ſoit
élégamment miſe, mais cependant de maniere à ce qu'on s'apperçoive que ç'eſt une
étrangere. Vous voyez que je penſe à vos
intérêts je me flatte que vous en ferez re-
connoiſſante & ~~━━━━~~ me ferez avoir
une place dans les Fermes, ç'a vous eſt ſi
facile, étant l'amie de tous les fermiers-
généraux Je ſuis, Madame, avec un très-
ſincere attachement, votre très-humble &
trés-obéiſſant ſerviteur.

De Mademoiſelle FLORE de l'Opéra.

Paris ce 18 Novembre 1778.

Vous ſavez, ma chere maman, que
j'étois entretenue par le marquis de ***.
Ce perfide, ce traître vient de me quitter,
moi qui l'aimois de bonne foi, & ne lui
ai jamais fait d'infidélité · moi qui ai refuſé
vingt entreteneurs qui valoient mieux que
lui.

lui. Hé bien! il (33) m'a abandonné, & pour qui? pour Madame la comtesse de ***, ç'a crie vengeance. Je suis au comble du désespoir; j'abhorre maintenant les hommes, je ne veux vivre que pour les tromper & m'en venger. Je vous prie, ma chere maman, de me prêter quinze louis pour arranger mes ~~petites~~ affaires; tous mes créanciers, sachant que ce monstre de Marquis m'a quitté, sont venus m'assaillir; ils me menacent de me faire assigner. jugez de l'embarras où je serois si vous ne venez à mon secours; je craindrois en outre, quoique bien meublée & bien arrangée, de me voir réduite à rien; car une fois que la justice a mis le nez dans les affaires de nous autres pauvres femmes entretenues, nous sommes perdues. Obligez-moi, ma chere maman, vous connoissez la reconnoissance que votre chere Flore a toujours eu de vos bontés. (C)

——————

De Mademoiſelle D'AIGREMONT.

Calais ce 10 Févuer 1779.

LE tems de mon année d'engagement, Madame, finit bientôt. Je n'en ai pas voulu contracter pour cette année, je ſuis laſſe de jouer la comédie, je ne trouve rien de ſi déſagréable que d'être traitée pendant deux ou trois heures en femme de qualité, &, après avoir repreſenté l'o-pulence, de ſe retirer dans un apparte-tement meſquinement meublé pour y faire un mauvais ſoupé Ce qu'il y a de pis en-core, c'eſt d'être aſſujettie au caprice d'un public ſouvent injuſte, & de riſquer d'être ſifflée par un manant à qui votre figure déplaira. De plus, comme maintenant on ne peut ſe faire applaudir qu'à force de crier, ayant une complexion délicate, & fort peu de poumons, je ne pourrai jamais y parvenir, c'eſt pourquoi, tout bien réflé-chi, je voudrois trouver un entreteneur ; j'ai 20 ans, c'eſt l'âge des amours ; je joue aſſez bien le ſentiment & connois les ruſes

De Mademoiselle Silvie

de l'hopital ce 5 janvier 1779.

Madame

pourriez vous me rendre le service de vous
intéresser en ma faveur pour que je soye du nombre
de celles qui sortiront d'ici. on dit que la Reine
à cause de la naissance de Madame a
écrit au lieutenant de police pour qu'il donne
la grace a cent de nous. je ne sṫre pour
reconnoitre les bontées de Madame, d'être
deux ans chez elle, en qualité de bonne
sous aucuns gages. autrefois j'aurais pu
offrir d'autres service mais maintenant le
tems et les maladies ont ++ bien retranché de ++ mes
charmes. quand je me regarde aux miroir
je ne retrouve plus les anciens traits de
Silvie. je compte sur vos bontées et j'ai
l'honneur d'être avec un profond respect.

Madame

Votre très humble. et
très obeissante servante

qu'il faut employer (35) pour attacher un amant & le ruiner complettement. Vous m'obligeriez, Madame, fi vous pouviez me procurer un entreteneur à mon arrivée. Vous pouvez compter que je ferai très-reconnoiffante; je fais bien les regles qui s'obfervent en pareilles occafions. Je fuis, Madame, avec un fincere attachement, votre très-humble & très-obéiffante fervante.

De Mademoifelle ROSALIE.

De Bicêtre, (1) ce 15 Févr. 1779.

QUE je maudis le jour infortuné que vous m'avez débauchée Si le ciel étoit jufte, il feroit retomber fur vous tous les maux que je reffens. Mes fouffrances font inouies, & pour comble de (C 2) malheurs, je n'ai

(1) C'eft un hôpital auprès-de Paris où l'on paffe au remede les perfonnes attaquées de maladie vénérienne, & qui n'ont pas le moyen de fe faire guérir. On y paffe auffi les filles de joie qui font envoyées à l'hôpital, où l'on les vifite en entrant.

pour perspective (36) qu'une captivité de trois ans à l'hôpital, après lesquels que deviendrai-je ? J'ai perdu une partie de mes dents, mes charmes sont disparus. Ah ! si les pauvres filles savoient où conduit le libertinage, il n'y en auroit pas tant qui s'y ~~adonnent~~ *adonneroient*. Mais, coquine que vous êtes, vous & vos semblables, vous leur promettez pour les séduire un avenir heureux. A vous entendre, leurs jours doivent être remplis d'agrémens, & jamais la fortune ne doit leur manquer. Ah ! puisse le ciel m'envoyer la mort, puisse-t-il aussi exaucer les vœux que je fais d'être la derniere victime de vous autres maquerelles, & que vous *réduites toutes* soyez en poudre.

NB. Cette lettre étoit déchirée en morceaux ; il faut qu'elle n'ait pas fait plaisir à Madame Gourdan.

De Monsieur **.

Paris ce 20 Févr. 1779.

JE vous envoye, Madame, mon mémoire, ne manquez pas de le remettre ce soir à

Monseigneur ; si (37) l'affaire réussit, il y a cinquante louis pour vous , cela vous est très-facile, il n'y a qu'à faire entrer cette ~~affaire~~ dans le marché de la petite Rosalie . par le canal d'une jolie fille, on obtient tout en France.

+grâce

De M. le Marquis de G**.

Paris ce 3 Mars 1779.

+ quatre personne

Nous irons ~~demain quatre~~, faire un souper chez vous Il faudra prévenir les demoiselles que nous passerons la soirée dans l'état où nous venons au monde.

De M. RIGAL, *Orfévre* (1).

Paris ce 15 Avril 1779.

Votre argenterie , Madame, est prête, envoyez-moi les armes ou le chiffre qu'il faut y faire (C 3) graver.

(1) Les étrangers, qui ne sont jamais venus à Paris, s'étonneront peut-être d'entendre parler d'argenterie pour une personne comme Madame Gourdan. Il ne faut pas qu'ils croyent

De Mademoiselle L A U R E.

Paris ce 20 Juin 1779.

MA santé, ma chere maman, est totalement rétablie, il est bien cruel que les faveurs de l'amour deviennent souvent un supplice, & qu'on puise la douleur dans la source des voluptés. Je serai désormais à vos ordres.

De Mademoiselle SAUVIGNI.

Paris ce 15 Juillet 1779.

L'OFFICIER, chere maman, qui m'entretenoit, est parti pour son régiment, son congé étant expiré. Je ne sais que faire, & je me recommande à vous. Vous savez que je suis une bonne fille, que rien ne m'intimide, & que, pourvu qu'on me paye bien,

que l'on veut leur en imposer. On est servi chez cette femme avec de la vaisselle platte, tout ce qu'il y a de plus beau. Cela doit faire voir la quantité de monde qui va chez elle, & leurs qualités.

les fantaifies me (39) font indifférentes. Je ne fuis pas comme un tas de bégueules , qui veulent que tout fe faffe avec décence & felon les regles. Qu'elles font fottes ! Comment veulent - elles que les hommes les aiment? Dans le libertinage, il n'y a que la bizarrerie qui plaît. Il faut varier les goûts. J'efpere que vous approuverez mes principes & que vous n'oublierez pas votre chere enfant.

De Mademoifelle PROVENÇAL.

Paris ce 17 Juillet 1779.

JE vous renvoye, chere maman, cette nouvelle chanfon de l'abbé Lapin (1), je la fçais, ainfi que (C 4) m'accompagner

[1] Il y avoit un de ces êtres amphibies qu'on nomme abbé, qui tous les foirs chantoit au Palais-royal, en s'accompagnant de la guitare & en faifant des geftes tout amufants. Tout Paris fe rendoit au Palais-royal pour l'entendre. La Reine en ayant tant entendu parler, fit venir l'abbé Lapin la chanter à Verfailles dans les petits appartemens.

fur la guitare, je (40) crois que je pou-
rois même lui difputer à qui la chanteroit
le mieux. Quand vous voudrez mettre mes
talens à l'épreuve, je ferai à vos ordres,
votre enfant.

Air. *Robin a une vache.*

Robin a une vache
Qui danfe fur la glace
Au fon du tambourin.
Maman, j'aime Robin,
Maman, j'aime Robin.

Robin ne fait pas lire;
Mais il fait bien écrire,
C'eft un garçon divin.
Maman, &c.

Il porte une baguette
Qui n'eft vraiment pas faite
Pour battre un tambourin.
Maman, &c.

Robin a des fonnettes
Au bas de fa jaquette,
Qui font des lin din din.
Maman, &c.

Robin a une (41) poule
Qu'il y a sept ans qui couve,
Elle n'a fait qu'un poussin.
Maman, &c.

❧   ❧

Robin a une anguille
Qui fait plaisir aux filles,
Quand il leur met en main.
Maman, &c.

❧   ❧

Cet instrument, ma mere
Auroit de quoi vous plaire,
Si vous l'aviez en main.
Maman, &c.

❧   ❧

Il aime les pastilles
Au coulis de lentilles,
Farcis de romarin.
Maman, &c.

❧   ❧

Le jour de Saint-Philippe
Il mange des tulipes
Dans un plat de satin.
Maman, &c.

❧   ❧

Quand il est à l'église,
S'il voit une sœur grise
C'est comme un vrai lutin
Maman, &c

Quand il eft (42) en colere,
Il montre fon derriere
Et veffe comme un daim.
Maman , &c.

❧   ❧

Il aime la merluche
Et piffe dans fa cruche
Tous les jours le matin.
Maman , &c.

❧   ❧

Robin à deux cavales
Qui ont le ventre ovale ,
Elles n'ont fait qu'un poulain.
Maman , &c.

❧   ❧

Il porte dans fa poche
Un morceau de brioche
Du tems de Charles-quint.
Maman , &c.

❧   ❧

Quand il chante un air tendre,
Chacun croiroit entendre
La voix d'un marcaffin.
Maman , &c

❧   ❧

Quand il prend médecine,
Il veut que fa coufine
Lui tienne le baffin.
Maman , &c.

Il enfile des (43) merles
Et déniche des perles :
C'eft un Michel Morin,
Maman, &c.

☙ ☙

Hier à la riviere
Il montra fon derriere
A l'hôteffe du bain
Maman, &c.

☙ ☙

Je lui fers de beaubeche
Sans chandelle ni mêche ;
Le foir & le matin.
Maman, &c.

☙ ☙

Robin a une andouille,
Dont il me débarbouille
Le foir & le matin.
Maman, &c.

☙ ☙

Robin a des fabots
Qui font vilains & gros ;
Il fait caca deffus
Maman je n'en veux plus,
Maman, je n'en veux plus.

De Mademoiſelle MOREL.

Paris ce 7 Septembre 1779.

VOILA un ſiecle, chere maman, que vous ne me faites pas faire de partie (1). Je ne ſais comment payer mon loyer, & mille petites dettes criardes ~~que j'ai~~. Au diable ſoit la guerre qui nous ruine ; ſi on la regarde comme un fléau pour l'état, elle eſt encore plus cruelle pour nous. Penſez, je vous prie, à votre chere Morel.

De Mademoiſelle HENRIETTE.

demain à dix heures Paris ce 26 Octobr. 1779.

JE vous prie, ma chere maman, de m'envoyer ~~demain à dix heures~~ la jeuneſſe avec toutes ſortes de marchandiſes. Il y aura chez moi ~~à cette heure-là~~ un provincial à qui je fais tourner la tête depuis plus de huit jours. Selon ſa généroſité je le ren-

(1) Les demoiſelles entendent par ce mot les tête-à-tete qui leur rapportent de l'argent.

dɾai heureux, ou (45) je le congédierai ; vous voyez, chere maman, que votre Henriette fuit vos principes & ne veut rien donner au hafard. Je vous fuis attachée pour la vie.

De Mademoifelle BAISE.

Paris ce 5 Janvier 178○

Vous avez, chere maman, défiré d'avoir la chanfon des demoifelles de l'opéra. Je m'empreffe de vous l'envoyer. Je l'ai eu hier du chevalier de **, il a toutes les nouveautés Au plaifir de vous voir, demain je ne pourrai être à vos ordres, je confacre ma journée à l'amour & ~~~~ les + tive rois avec mon amant. Adieu, chere maman, votre affectionnée

Air *du Mirliton.*

Un jour le dieu de cithere
Fit raffembler dans Paris,
En un meme monaftere,
Avec l'habit de Veftris,
Tous les mirlitons, mirlitons, mirlitaines,
Tous les mirlitons, don don.

Arnould, (46) l'actrice regnante,
Regretant son Lauragais :
Au petit dieu se présente
Avec ses dents à crochets,
Et son mirliton, &c.

🕊 🕊

L'amour lui dit en colere
Auſſitôt qu'il l'apperçut
Va le suivie en Angleterre,
Car je te mets au rebut
Et ton mirliton , &c

🕊 🕊

L'Arrivé vint toute fiere
D'avoir ſubjugué Bourbon
Mais n'y voyant qu'une orniere,
L'amour chanta ſur ce ton:
L'affreux mirliton, &c

🕊 🕊

L'amour prit pour la marotte
Roſalie avec éclat,
Et dit voyant ſous ſa cotte
Perruque de magiſtrat,
Ah ! quel mirliton, &c.

🕊 🕊

Il viſita ſans envie
Beaumenil & la Duplan,
Chateauneuf & Virginie,
Mais il ne vit qu'un étang
De grands mirlitons, &c.

Vieille machoire (47) édentée,
Dit - il à la Durancie,
Que je te trouve effrontée
De montier le plan ici
De ton mirliton, &c,

🕊 🕊

Suivant l'ordie de la lifte,
Il dit, en voyant Henel
Que ce beau vifage eft trifte ;
Si tout le refte eft fidel,
Quel froid mirliton, &c.

🕊 🕊

Pour s'éclaucir de ce doute,
On dit qu'amoui l'éprouva,
Et que s'en frayant la route
Pour fon plaifir fe referva
Son beau mirliton, &c.

🕊 🕊

Vint Guimar la maréchale
S'offiir au dieu des amours,
Il prit pour la cathédrale
Du grand Saint-Martin de Tours
Son grand mirliton, &c.

🕊 🕊

Cléophile la fringante
Vint s'offrir d'un air paillard ;
L'amour l'a prit pour fa tante,
Et pour la nuit mit à part
Son beau mirliton, &c.

Julie a l'an (48) de décence
Tenant Bougainville en main,
Vers le dieu d'amour s'avance,
Lui difant que j'aime bien
Son grand mirliton, &c.

Il renvoye Bougainville
Pour voir la belle en détail ;
Et lui fit une apoftille
Pour être mile au ferail
Et fon mirliton, &c.

Conftance vint en bacchanté
Et d'un air luxurieux,
D'amour elle eut la patente,
Voyant le feu de fes yeux
Dans fon mirliton, &c.

Thevenin vint là fe rendre,
Pour y difputer fes droits ·
L'amour lui dit d'un air tendre,
Je veux vivre fous les loix
De ton mirliton, &c.

Après Gaudi la fantafque
Y vint blanche comme un lis,
L'amour la trouva trop flafque
Lui dit, garde tes méprris
Et ton mirliton, &c.

Enfi

Enfin vint (49) une chaconne
Montrant chacune fon trou,
L'amour les prends les bouchonne
Et dit qu'on mette un licou
A ces mirlitons, &c.

―――――――――――

De Mademoifelle BAISE.

Paris ce 9 Janvier 1780.

JE vous ai envoyé, chere maman, la chanfon ~~deffus~~ les demoifelles de l'opéra ; en voici une fur celles de la comédie françaife. Votre chere enfant.

Air. *Quand on eft deux.*

La Veftris achete à grand prix
Les bravo de la populace,
A force d'art & de grimace
Elle fait applaudir fes cris.
Mais elle ne vaut pas à tout prendre   *bis.*
Pas deux fou, pas deux fou,
Pas deux foupirs tendies.   *bis.*

✳   ✳

Sainval cadette a du talent ;
Elle plaît fans aucunes rufes,
C'eft la favorite des mufes,
C'eft l'actrice (D) du fentiment.

Mais elle employe (50) avec fréquence *bis,*
  Trop de vi , trop de vi ,
  Trop de violence.   —   *bis*

Quand sa sœur se possede un peu.
C'est le chef-d'œuvre le plus rare ;
Mais lorsque son esprit s'égare,
D'un homme elle affecte le jeu,
En séduisant le cœur des femmes.   *bis,*
  Ebranlant , ébranlant,
  Ebranlant leurs ames.   *bis,*

Préville eût d'abord du malheur ;
Mais on la connut à l'usage,
Et le public qui encourage
Claque dans le dissipateur.
Ce sein jadis si plein de charmes,   *bis.*
  Et si mou , & si mou ,
  Si mouillé de larmes.   *bis,*

Contat qu'on formé les amours,
Est faible dans la comédie ,
Mauvaise dans la tragédie ,
Mais elle sédvira toujours
Et si l'on veut la voir charmante   *bis.*
  C'est en con, c'est en con,
  C'est en confidente.   *bis,*

Molé , Suin , (51) ne croyez pas
Mériter ici qu'on vous chante ,
Avec du Gazau l'insolente
Rampez dans les rangs les plus bas.
Avec Hus, la Chassaigne. En outre   bis.
Allez vous   allez vous
Tous vous faire foutre.   bis.

De Madame FREMONT.

Paris ce 20 Janvier 1780.

Madame ,

Si vous aviez besoin d'une bonne (1)
pour vos demoiselles, je vous offre mes
services. Croyez que je suis très au fait du
métier, ayant été moi-même demoiselle;
mais le ravage des ans & les fatigues
m'ayant ôté le peu de figure que je possé-
dois, je me ~~suis~~ trouve réduite à servir.
J'ai, Madame, un talent merveilleux pour
les vieux paillards; je manie à merveilles les verges & le (D 2) martinet. J'ai

(1) Nom que donnent les demoiselles aux
femmes qui font pour les servir, & préparer
dans leurs garderobes l'eau & les odeurs nécessaires pour leur toilette.

l'honneur d'être (52) avec refpect, Madame, votre très-humble & très-obéiffante fervante.

De Mademoifelle FLORENTINE.

VOUS favez, chere maman, que depuis quelques mois le marquis de ***. vivoit avec la belle Sainte - Marie, que nous nommons entre nous l'indolente. Se doutant qu'elle lui faifoit quelques infidélités, il l'a fait épier. On lui a rapporté que monfeigneur l'évêque de ***. le remplaçoit fouvent. Alors il refolut de s'en venger, & pour cet effet il prétexta un voyage à Verfailles, & chargea fes émiffaires de venir l'avertir dès que monfeigneur feroit chez fa maîtreffe. Vers minuit on vint lui dire que monfeigneur étoit chez Sainte-Marie, où il devoit paffer la nuit, ayant renvoyé fa voiture. Auffi-tôt le marquis vole chez fa maîtreffe; & comme il avoit un paffe-partout, il entre fans être apperçu. Arrivé près du lit, il en tire les rideaux &

fait l'étonné en (53) voyant monseigneur. Soyez le bien-venu, lui dit-il, mais
il n'est pas juste que je paie vos plaisirs.
Depuis trois mois j'entretiens mademoiselle,
elle me coute trois cents louis, il faut que
vous me les rendiez, ou j'envoye chercher
la garde pour vous reconduire chez vous.
En vain monseigneur voulut composer, il
fallut payer Comme il n'avoit pas cette
somme ~~dessus~~ lui, il a donné ce qu'il avoit
& ~~fait~~ un billet pour le reste. Le marquis
ensuite tirant les rideaux, leur souhaite
une bonne nuit, ajoutant, qu'il cedoit à
monseigneur tous les droits qu'il avoit
sur la belle. On assure que cette visite re-
froidit monseigneur au point qu'il n'a pu
de la nuit gagner une partie de l'argent
qu'il venoit de payer. A demain, chere
maman, je me rendrai chez vous à
l'heure que vous m'indiquez. Votre chere
enfant.   (D 3)

De Mademoiſelle C A R O L I N E.

Paris ce 17 Mars 1780,

Si vous voulez, ma chere maman, j'ai dans ma rue une jolie petite bourgeoiſe ~~qui~~ *âgée de* ~~n'a que~~ quatorze ans, & qui demeure chez ſa belle mere, qui la bat vingt fois par jour Je vous l'amenerai; elle m'en a fort prié, il ne ſera pas difficile de la faire recevoir par Vaugien (1). La petite ſe prêtera à ſes fantaiſies, je l'en ai avertie, elle conſent à tout, pourvu qu'elle ſorte de chez ſa marâtre. Répondez - moi le plutôt poſſible, chere maman.

(1) C'eſt l'inſpecteur de la Police, chargé de la partie des filles publiques. Elles ſont toutes enrégiſtrées chez lui. Il faut qu'elles ſe déclarent qu'elles ne ſont plus pucelles, pour pouvoir être admiſes. Les filles de mauvaiſe vie qui ne ſont pas ainſi inſcrites ſur le livre de Police à moins qu'elles ne ſoient attachées aux grands ſpectacles de Paris, lorſqu'elles ſont priſes en flagrant délit, ſont envoyées à l'hôpital.

De M. le Marquis de T * *.

Paris ce 3 Mai 1780.

JE ne fors jamais, Madame, fans être accompagné de mon pere ou de ma mere, & quand ils ne font pas avec moi, un valet-de-chambre me fuit toujours. Cela m'excéde ; ne pourriez - vous me faire le plaifir d'envoyer chez moi, dans deux jours, à dix heures du matin, une petite fille habillée en bourgeoife, ayant un carton de filet ? Elle demandera Lambert mon domeftique, que j'ai mis dans ma confidence. J'écarterai mon valet-de-chambre, en lui donnant une commiffion ~~bien~~ loin. Je payerai ~~bien~~ la fille, mais fur - tout, Madame, qu'elle foit en bonne fanté. Répondez - moi en adreffant votre lettre fous l'enveloppe de Lambert. Mon hôtel eft rue St. Dominique, fauxbourg St. Germain. (D 4)

De M. D ** , *Colporteur.*

Paris ce 22 Juin 1780,

JE viens, Madame, de recevoir d'Hollande, d'une fuperbe édition, avec des giavures en taille-douce : la Pucelle, le Portiei des Chartreux, Margot la ravaudeufe, les poftures de l'Arétin, le Laurier eccléfiaftique, la Fille de joie, les Délices du cloître, le Chapitre des Cordeliers, l'Entretien de deux Nones, pour fervir d'inftruction aux jeunes demoifelles qui entrent dans le monde, l'ode à Priape & la foutromanie S'il y a , Madame, quelques-uns de ces ouvrages qui vous conviennent, mandez-le moi', avec l'heure à laquelle je pourrai vous trouver.

De FRANÇOIS.

Paris ce 5 Août 1780.

Madame,

J'AI enfin obtenu la place que vous avez follicité pour moi dans les Fermes Je fuis nommé commis à la barriere St. Antoine. Croyez, Madame, que je n'oublierai jamais l'obligation que je vous ai , & que les jours où mon fervice ~~eft~~ libre *me laifera* , je les employerai pour être utile à Madame J'ai en vue plufieurs petites grifettes très-jolies ; jefpere les gagner avant peu.

J'ai l'honneur d'être avec le plus profond refpect,

Madame,

Votre très-humble & très-obéiffant ferviteur

De Mademoifelle JULIE

Ce Samedi.

JE vous envoye, ma chere maman , les cinq louis qui vous reviennent pour le fouper que j'ai fait (58) hier à la petite maison de ce vieux financier, ayant eu dix louis. En vérité, les complaifances que j'ai été obligée d'avoir en valoient bien d'avantage : il a fallu me mettre toute nue & monter à cheval fur lui, qui étoit auffi nud & à quatre pattes. J'avois la tête tournée du côté de fon derriere, & tandis qu'il me faifo t faire le tour de la chambre, je le fouettois à tour de bras. Ce manege a duré une heure au moins. Je ne pouvois m'empêcher de rire aux larmes chaque fois que les glaces me répétoient. Ah ! que les hommes ont des goûts bizares ! Je ne pourrai, chere maman, être à vos ordres de la foirée, ayant décidé de la paffer avec mon amant (1). On ne peut pas être tou-

(1) Il eft d'ordinaire que toutes les filles aient un amant. C'eft communément leur perruquier ou quelque laquais ; celles qui donnent dans du plus relevé, ont un de ces libertins fans afyle, qui ne vivent que d'efcroqueries au jeu, de maquerellage, & tâchent de duper les étrangers, en liant connoiffance avec eux dans les cafés, aux fpectacles des Boulevards aux tripots ou dans les mauvais lieux, feuls

jours à Plutus, (59) il faut quelquefois être à l'amour.

───────────────────

De M. le Marquis de R **.

Paris ce 5 Octobre 1780.

J'ARRIVE enfin de mon Régiment, il y
a dix-huit mois que je fuis abfent de Paris,
vous avez dû-me croire mort. Ce foir après
le fpectacle, j'irai avec trois de mes amis
fouper & coucher chez vous. Du joli &
du roué, il ne faut pas des prudes pour
des capitaines de Dragons. Ayez provifion
de champagne mouffeux. Mes camarades
aiment à boire. Quant à moi vous n'ignorez pas mon goût, j'ai décoeffé quelques
bouteilles chez vous.

endroits que fréquentent cette vile efpece, de
laquelle on doit fe méfier, fur qui la Police
i toujours les yeux ouverts, & dont il n'y
i pas de mois qu'elle n'en exile quelques
nembres

De Madame **.

Paris ce 20 Décembre 1780,

J'AI surpris le billet que vous avez écrit à ma fille, il vous sied bien de chercher à débaucher la jeunesse. Je vais le porter à M. le lieutenant de Police, il devroit bien vous chasser de Paris, ainsi que vos semblables, il n'y auroit pas tant de malheureuses créatures.

De Mademoiselle ZERBINETTE.

Paris ce 20 Janvier 1781,

SI je ne vous sçavois, Madame, l'ame aussi bonne, je n'oserois me recommander à vos bontés, ayant été si long-tems sans être une de vos enfans ; m'étant laissé aller aux propositions de la Brisseau (1) qui m'a trompée indignement. Hélas ! ~~c'est bien fait~~ ; pourquoi ai-je quitté Madame pour une autre. Le proverbe est bien vrai que sou-

(1) Fameuse maquerelle de Paris, rivale de Madame Gourdan,

De Monsieur le chevalier De Pxxx.

ce 3 juin 1781.

voici les vers que vous m'avez demandé ——

Sur la destruction des⁺ palais Royale
(jardin du)

Villete en son jardin du buste de Voltaire
fait son idole tutelaire.

La cendre de Rousseau si chere à Girardin
avec honneur repose en son jardin.

De Chartres dans le jeu renverse les statues
Des héros et des dieux pour y placer des Rues

jeudi j'irai chez vous entre la premier
et la seconde piece des italiens . je veux les ——
grande haquencé : à moins que vous n'ayez
des nouveaux.

vent l'on troque (61) fon cheval borgne pour un aveugle. Mais j'attends grace de vous, Madame J'ai l'honneur d'être votre très-humble & très-obéiffante fervante.

De M. DELORME, *Sellier*.

Paris le 22 Mars 1781.

Vous aurez fans faute, Madame, votre voiture toute prête pour aller à Longchamp (1). Il m'a été impoffible de vous la livrer plutôt étant accablé d'ouvrage.

(1) A Paris, dans le carême, le mercredi, le jeudi, & le vendredi - faint, en place d'aller à ténèbres, qui eft l'office de l'après-dîné, tout le monde fe rend en voiture au Bois de Boulogne dans l'allée de Long - Champ. Là, chacun cherche à briller par le luxe de fes équipages & la beauté de fes chevaux. Les demoifelles entretenues y étalent la généofité de leurs amans par la magnificence de leurs voitures Elles piquent leur amour - propre en voulant être plus brillantes à l'envi l'une de l'autre. Quant aux demoifelles d'un ordre inférieur, elles louent des carioffes de remife & vont y étaler leurs graces, pour chercher à trouver quelques dupes qui leur en donnent.

De Mademoiselle GRANDVAL.

Paris ce 3 Juin 1781.

JE pars demain, ma chere maman, avec M. d'Elleizen, pour aller aux eaux de Spa. Si vous avez quelques commiſſions à me donner pour ce pays, je m'en chargerai avec plaiſir, vous ne devez pas être inquiete de moi, car avec un banquier de jeu on eſt toujours ſûre de ne pas éprouver les caprices de la fortune. Croyez que, quelque pays que j'habite, je n'oublierai jamais les bontés de ma chere maman

Votre affectionnée

De Monſieur G **.

Paris ce 10 Juin 1781.

JE voudrois, Madame, que vous me trouviez une demoiſelle honnête qui voulut venir avec moi aux eaux de Bariege. Je la ferai paſſer pour ma nièce, ma cuiſiniere lui ſervira de femme-de-chambre.

Je lui donnerai (63) 50 louis pour le voyage, & lui ferai faire trois robes & trois déshabillés de mousselines. Il y aura dix louis pour vos peines. Je ne demande, ~~Madame~~, autre chose à cette demoiselle, que de m'amuser un peu & la petite oye. Votre serviteur.

De Mademoiselle ZELMIRE.

Paris ce 15 Juin 1781.

N'ayant, ma chere maman, rien à faire à Paris, où il n'y a maintenant aucun Anglais, & que tout le monde est à la guerre, je pars pour Lyon, où ~~pour un tâcher~~, comme une autre Virginie, (1), de met-

[1] En 1773, cette demoiselle, danseuse de l'opéra, quoiqu'avec des charmes usés, fut à Lyon En six mois de tems elle y gagna soixante mille livres. Ses nuits étoient fixées à 15 & 25 louis selon l'âge Tous les négocians, peu accoutumés à jouir d'une éleve de Therpsicore, voulurent l'avoir. Plusieurs furent si contents de la premiere nuit, qu'ils briguerent la faveur d'une seconde, troisieme & quatrieme.

je vais tâcher

tie les négocians (64) à contribution. Au plaifir de vous revoir. Si vous avez quelques commiffions à me donner, écrivez-moi pofte reftante.

MM. les Entrepreneurs de la Redoute Chinoife envoyent à Madame Gourdan quatre-vingt billets, qui ferviront tous les jours, excepté les dimanches, fêtes & jeudis (1).

Paris ce 15 Juin 1781.

De M. le Comte de K * *, *Ruffe*.

Ce 20 Juillet 1781.

+ chez vous

J'IRAI à cinq heures ~~chez-vous~~. Je voudrois y trouver une demoifelle toute prête *pour* venir avec moi aux comédiens du bois de

[1] Les Entrepreneurs de la Redoute Chinoife, du Wauxhall, de la Foire de Saint-Germain, ainfi que les directeurs des fpectacles des Boulevards, diftribuent plufieurs fois par femaine des billets gratis aux demoifelles, afin d'attirer beaucoup de monde à leurs fpectacles.

De Mademoiselle Raucourt (1).

ce 8 juillet 1780.

hier, Madame, il y avait avec vous aux
italiens une jolie personne. Si vous voulez me
l'envoyer pour passer la nuit avec moi je vous
donnerai Six louis je Suis tout à vous.

(1) cette actrice des françois est une des fameuses
tribade qui ait jamais existé. elle ne se cache
point de Son goût et dit je vis maintenant avec
Mademoiselle une telle, eh bien je l'ai quittée
comme Si c'était un homme qui parlait d'une
maitresse.

de Boulogne, & (65) de là manger une matelotte à St. Cloud Qu'elle soit gaie, j'aime beaucoup à rire & à folâtrer.

De Mademoiselle ~~ZIMMER~~ *Thélamire*

Paris ce 25 Juillet 1781.

JE pars pour Breſt, chere maman, où il y a maintenant beaucoup d'officiers. Je vais les mettre à contribution, & tâcher que Meſſieurs de la Marine me donnent quelques-unes des guinées qu'ils ont priſes *aux* ~~~~ Anglois. Si vous avez quelques commiſſions pour ce pays, donnez-les moi, & croyez que votre chere enfant s'empreſſera de les faire.

De Mademoiſelle ZELMIRE.

Lyon ce 4 Août 1784.

JE vous envoye, ma chere maman, par la diligence les étoffes que vous m'avez demandées. On m'a payé à vue la lettre de change que vous (E) m'avez fait paſſer.

Comme il y avoit (66) trente livres de reſte, je vous envoye pour cela des deſſus de ſouliers, tout ce que j'ai trouvé de plus joli. A préſent que je vous ai parlé de vos affaires, je vais, ~~ma chere maman~~, vous entretenir ~~un peu~~ des miennes. Le pays eſt brûlé, il ne vaut plus rien, je gagne cependant de quoi me tirer d'affaire. Si je ne fais pas fortune, au moins je n'en ſerai pas pour mes frais : ~~en outre~~, ayant quelque tems ~~été~~ Paris, en y reparoiſſant avec un autre nom, cela me donnera un air de nouveauté qui ne peut que bien faire. Adieu, chere maman.

un peu

de plus

absente de

_____

De M. Colinot *Jouaillier.*

Paris ce premier Sept. 1781.

VOTRE bec à diamans ne pourra être monté que dans quinze jours, attendu que j'ai été très - preſſé d'ouvrage pour deux mariages. Je vous envoye votre tabatiere avec votre portrait ; j'eſpere que vous ſerez contente de l'entourage : il ne peut man quer de plaire à (67) celui pour qui vous le deftinez, les diamans font de prix.

De Mademoifelle ADELINE.

Barrege ce 6 Octobre 1781.

QUE je vous ai d'obligation, chere maman, de m'avoir choifie pour aller aux eaux avec M G**. Il n'y a forte d'attentions qu'il n'ait pour moi. Je l'aime beaucoup. Il m'a promis qu'il me garderoit avec lui à Paris & me feroit un fort. Croyez, chere maman, que je n'oublierai jamais que c'eft à vous que je dois mon bonheur, & que je ferai charmée de pouvoir vous donner des preuves de ma reconnoiffance C'eft avec ces fentimens que je fuis pour la vie, votre chere enfant.

De Mademoifelle VIOLETTE.

Paris ce 11 Octobre 1781.

JE vous préviens, ma chere maman, que je ne veux plus aller faire de fouper avec Juftine, elle (E 2) eft non-feulement de mauvaife (68) foi fur ce qu'on lui donne, mais encore quand elle eft grife, ce qui lui arrive toujours, elle fe met toute nue, & nous fommes obligées de fuivre fon exemple, pour ne pas paffer pour des bégueules & éviter la mauvaife humeur des convives. Il eft permis d'être libertine ; mais faut-il au moins ne pas fe proftituer indignement.

De Mademoifelle JUSTINE.

Paris ce 19 Octobre 1781.

VIOLETTE, ma chere mar, a dit qu'elle vous porteroit des plai e moi, je me moque de ce que peu ne pe- tite perronelle comme elle faire la prude, &/a pour amoureux fon laquais & fon coeffeur ; toutes ces demi-vertueu- fes font plus coquines que nous, qui fom mes de bonnes réjouies, & nous moquons du qu'en dira-t-on. Tout ce que pourra dire la prude Violette ne me fera pas chan ger ; confeillez-lui en amie d'être tranquille car fi elle me fàche, je lui arracherai le

De Mademoiselle Rosimont.

ce 24. octobre 1781.

j'employe, cher Moreau, toute la soirée
a courir les illuminations, je ne pouvai me rendre chez—
vous qu'à onze heure. ainsi prevenez le Monsieur
qui veut m'avoir qu'il ne vienne que pour cette
heure là, où remette la partie à demain. si cela
ne lui convient pas j'en suis fachée vous allez dire
que je suis sans gene; cela m'est égale. je ne chang
eroi rien à mon projet.

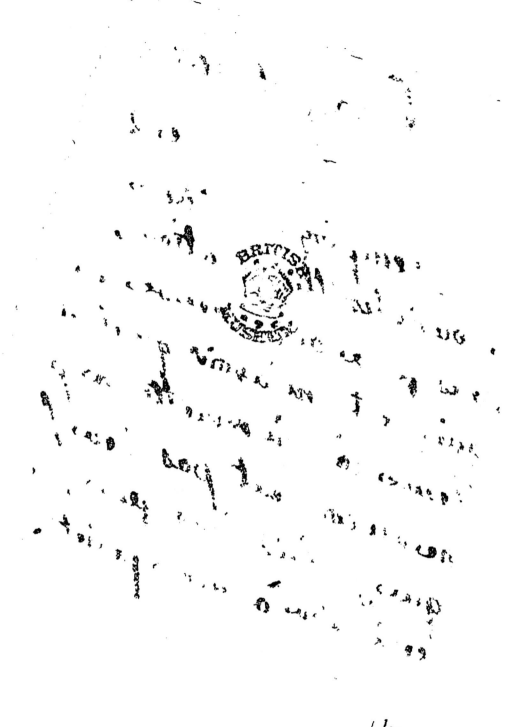

Iles

yeux : elle ne (69) veut plus faire de souper avec moi, & moi je n'en veux plus faire avec elle. Arrangez - vous en conséquence, du reste je serai à vos ordres quand vous voudrez.

De Mademoiselle ROSETTE.

Paris, ce 23 Déc. 1781.

L'EXEMPT de Police Vaugien m'a mandée pour demain dix heures du matin. Ce sera sans doute pour la dispute que j'ai eue *avec Eulalie* chez Nicolet ~~avec Eulalie~~. J'aurai surement gain de cause, car j'accorderai ~~pour cela~~ à Vaugien tout ce qu'il voudra, & c'est le moyen d'en faire tout ce qu'on veut. Cependant vous m'obligeriez, chere maman, de me donner une lettre de recommandation pour lui, vous êtes sa grande amie.

De Monsieur * *.

Paris ce 7 Janv. 1782.

PAS un étranger d'arrivé. J'ai parcouru tous les hôtels de la (E 3) rue de Richelieu

& du fauxbourg (70) St. Germain. Il
n'y a que quelques officiers & des plai-
deurs. Ce n'eſt pas là le gibier qu'il nous
faut Je n'ai jamais vu une ſi grande diſette.
Je me ſuis arrangé avec les portiers des
hôtels , pour être averti dès qu'il arrivera
quelqu'un , cela m'évitera beaucoup de
courſes, qui ſouvent ſont des pas perdus.
Croyez, Madame, que je ne ſuis pas moins
fâché que vous , & que je déſire bien que
les tems changent, ſans cela je ne ſaurai
où donner de la tête.

De Mademoiſelle F E L M É.

Paris ce 20 Janvier 1782.

DEPUIS ſi long-tems , chere maman,
vous deſirez une jolie petite chienne; on
vient de m'en donner une charmante &
très-bien élevée pour les dames. Je vous
l'envoye. Si elle vous convient, je vous
prie de l'accepter . je ſerai enchantée d'a-
voir pu vous offrir quelque choſe qui vous
faſſe plaiſir. Vous avez tant de bontés pour
moi. Votre chere enfant.

De Mademoiselle Thélamire.

ce 18 janvier 1782.

je vous prie, cher Maman, de me donner un
billet pour le bal masqué de la ville. on m'a assuré
que vous en aviez une vingtaine. je vous promet
en revange de vous en donner un du bal ———
masqué des gardes du ~~corps~~ corps. on m'en a
promis six et je suis sure qu'on me tiendra
parole. faite moi le plaisir que je vous demende

De Monsieur L xxx.

Versailles ce 4 mars 1782.

Madame Sophie(1) étant morte cette nuit le
souper, ma chère Gourdan, ne peut avoir
lieu ce soir. il sera pour le 6 sans faute.
xxx et moi ne pouvons quitter la cour que ce
jour là. il est cruel d'être aussi ordres des —
autres.

_____

(1) tante de Louis XVI.

De Mademoiselle FLEURY.

De l'hôtel de la Force, (1) ce 17 Févr. 1782.

JE viens d'être conduite ici, chere maman, ayant été arrêtée pour une lettre de
change de deux cents cinquante livres. Le
gueux de Lapierre, garde du commerce,
n'a pas voulu me permettre d'envoyer chez
vous, ni même me laisser le tems de mettre mes effets en gage pour payer cette
lettre de change, que j'ai faite à ce coquin
d'André, horloger dans la cour du manège
aux Thuilleries, pour une montre qu'il m'a
vendue & qui ne vaut pas quatre louis.
Venez, chere maman, à mon secours. Je
suis comme une folle. Vous connoissez mon
attachement & l'empressement que j'ai à
remplir vos ordres. Je suis perdue sans
vous. Comptez sur ma reconnoissance, qui
ne finira qu'avec la (E 4) vie.

(1) Prison où l'on met les personnes pour
dettes & par ordre de la Police.

De M. LYONAIS.

Paris ce 8 Mars 1782.

VOTRE petite chienne, Madame, eſt en bonne ſanté, je vous prie qu'on la vienne chercher demain & de m'envoyer par le porteur ſoixante & quinze livres, à quoi ſe monte ſa penſion, les médica-ments & mes honoraires (1).

[1] On fera peut-être ſurpris du prix; mais il eſt bon de ſavoir que M. Lyonais eſt l'Eſculape de chien le plus renommé de la capitale. Il a gagné à ce métier plus de cent mille écus. Il eſt ſeigneur de la terre de Vernon en Bourgogne, qu'il a payé deux cents mille livres argent comptant. La cauſe de ſa réputation & de ſa grande fortune fut la guériſon de la chienne de feue madame la marquiſe de Pompadour, maîtreſſe de Louis XV. Cette cure lui valut la place de médecin conſultant des chiens de S. M. avec douze cents livres d'appointement. Ce M. Lyonais a un fils à qui il a acheté une charge dans la magiſtrature.

De Mademoiselle Nicette.

ce 10 mai 1782.

on dit, chere Maman, que le comte du
Nord arrive dans peu, et qu'il y a beaucoup
de prince et grands seigneurs qui l'accompa-
gnent. cela vous fournira des parties, je me
flatte que vous ne m'oublirai pas et que —
vous m'employrez. je suis une de vos plus zelée
et des le premier coup de tambour j'ai toujours
suivi vos étendards.

Du Prince P * *. *Polonois.*

Ce 7 Mars 1782.

J'IRAI chez vous après le spectacle ; je veux avoir, Julie, Rozette & Eulalie, qu'elles soient en petit déshabillé du matin, coeffées en cheveux, avec des tresses flottantes sur les épaules.

De Mademoiselle MIMI

Paris ce 13 Juin 1782.

J'AI été, ma chere maman, voir la piece de Raucours, actrice de la comédie française. Voici la chanson qu'on a faite à ce sujet. Elle lui va à merveille, & je ne doute nullement qu'elle ne vous amuse. Adieu maman.

Air. *Mon pere étoit pot*, &c.

Au théatre on vient d'annoncer
 Une piece nouvelle
Qui doit nous intéresser,
 C'est d'un auteur femelle ;

C'eſt un (74) hiſtrion
Las du cotillon,
Qui prend un nouvel être :
Son cœur eſt uſé,
Son gout eſt blaſé,
Son eſprit vient de naître.

❊ ❊ ❊

Il eſt connu par ſes exploits
Plus que par ſes ouvrages ;
Jamais le travail de ſes doigts
N'eut droit à nos ſuffrages.
Mais ce nouveau né,
D'un talent borné,
Surprendra s'il ne touche ;
Car l'auteur Raûcours
Travaille toujours :
Mais jamais il n'accouche.

De Mademoiſelle R O S A L B A.

Paris ce 2 Janv. 1783

QUOIQUE j'aye paſſé, Madame, l'âge
des amours, ayant trente ans, ma figure
n'eſt cependant pas ſans attraits, mais
j'ai un talent particulier pour rappeller à
la vie un vieux paillard uſé de débauche
& je ſais me prêter à tous ſes goûts bizares

De Monsieur. M. xxx notaire. (1).
Ce 2 octobre 1782.

Si vous voulez, Madame, venir chez moi —
Demain à dix heures du matin, le contract
De votre maison de campagne de Villiers—le-bel
Sera prêt à signer. Je n'ose envoyer aucun
de mes clercs vous le porter à signer chez vous,
crainte que pour <u>honoraires</u> une de vos —
Demoiselles ne le gratifie d'un présent qui le
fera a gagner le lit. etc. Votre très humble et
très obéissant serviteur.

_____

(1) on prétend qu'il a le gout <u>antiphysique</u> et
que le guet de paris l'a trouvé dans les —
champs élysées faisant l'amour à un —
jeune élève.

ſans la moindre (75) répugnance. Je ſerai, Madame, à vos ordres dès que vous le jugerez à propos. J'ai l'honneur d'être votre très - humble & très - obéiſſante ſervante.

P. S. Mon adreſſe eſt, rue d'Enfer, chez le deuxieme marchand de vin, à l'enſeigne du Paradis perdu, au premier ſur le derriere.

De Mademoiſelle PALAVILCHINI
Paris ce 25 Janv. 1783.

Vous ſavez bien, chere maman, la joie que nous cauſe la paix. La guerre nous avoit toutes ruinées Voici une chanſon qu'on a faite à l'occaſion de la paix; elle n'exprime pas encore aſſez la joie que cet éverement cauſe. Au plaiſir de vous voir, chere maman, je ſuis toute à vous.

Air. *De Malbourouck.*

La paix eſt donc certaine :
Chantons tous le ſage Vergennes.
Sur les bords de la Seine
Nous faut la publier.

Nous faut (76) la publier,
Et ne pas oublier
Que le fage Veigennes,
Chantons tous le fage Vergennes
Nous donne cette étrenne,
Qu'on ne fauroit payei.

❧ ❧

Qu'on ne fauroit payer.
Ceinte de l'olivier,
Sa tête vafte & pleine ;
Chantons tous le fage Vergennes
Vient biifer la chaine
Qui fembloit tout lier.

❧ ❧

Qui fembloit tout lier.
Nous allons commeicer
Sans contrainte & fans gêne:
Chantons tous le fage Vergennes.
Deffus l'humide plaine
Nous pourions naviguer.

❧ ❧

Nous pourrons naviguer.
Et quand le marinier,
Qu'un meilleui fort ramene,
Chantons tous le fage Veigennes
Viendra repiendie haleine
Au fein de fes foyers

Au fein (77) de fes foyers.
Couronné de lauriers,
Sa femme en fera vaine·
Chantons tous le fage Vergennes.
Il contera la fcene
De fes exploits guerriers.

❦   ❦

De fes exploits guerriers.
Puis du vin du cellier
Buvant à taffe pleine
Chantons tous le fage Vergennes,
Enfans, parens, maraine
· Et le ménétrier.

❦   ❦

Et le ménétrier,
Crieront à plein gofier·
Vive le Roi, la Reine,
Le Dauphin, le fage Vergennes!
Que le ciel les maintienne
En joie un fiecle entier

De M. D***.

Paris ce 19 Février 1783.

IL eft arrivé, Madame, beaucoup d'Anglois, mes émiffaires m'en ont averti.
N'oubliez pas de vous montrer aux fpecta-

cles, au Wauxhall (78) & aux promena-
des publiques, avec ce que vous avez de
plus joli. Je vais faire enforte de trouver
quelques bonnes dupes. J'ai en vue un
jeune Anglois qui demeure à l'hôtel de
Ruffie, rue de Richelieu ; fon domeftique
de louage eft un homme qui m'eft totalement dévoué · je lui ferai préfenté demain
pour lui fervir d'interprête & le mener voir
tout ce qu'il y a de plus curieux dans la Capitale. Dès qu'une fois je ferai ancré chez
lui, je tâcherai de connoître fes goûts, &
alors nous nous arrangeons enfemble pour
que vous vous trouviez aux fpectacles
quand nous irons. Cela feroit un coup de
maître fi nous pouvions lui donner pour
maîtreffe une de ces demi-novices que
vous avez. Elle ne feroit rien fans notre
confeil, & nous menerions l'Anglois grand
train. Il nous faudroit une aubaine pareille
pour nous remettre du tort que nous a
fait la guerre Demain je vous ferai part
de mon entrevue avec notre futur pigeonneau. Votre affectionné.

De M. D***.

Paris ce 20 Février 1783.

Je sors, Madame, de chez notre Anglais. Il a pris des arrangemens avec moi & a accepté avec grand plaisir mes offres de services. Nous devons aller ~~ce soir~~ à la *ce Soir* comédie italienne J'ai envoyé louer une loge aux secondes. C'est le N°. 3. côté du Roi Vous devriez y venir, & faire louer le pareil numero, côté de la Reine. je verrai l'effet que produira sur lui le vis-à-vis d'une jolie personne. Il faudroit qu'elle fût mise modestement, afin d'enflammer davantage ses désirs, en lui donnant pour du tout neuf & comme une conquête qui demande des peines. A ce soir aux Italiens, n'y manquez pas. Je m'échaperai un moment pendant le spectacle pour aller vous donner des nouvelles de ce qui se passera entre l'Anglais & moi. Votre affectionné.

De M. D***.

[annotation manuscrite: O INGLET me tem BASTANTE falado D]

L'ANGLAIS m'a beaucoup parlé de fon
joli vis-a-vis des Italiens. Il eſt pris. Il
m'a dit qu'il déſireroit avoir pendant fon
féjour ici une maîtreſſe qui lui reſſemblât.
Je lui ai répondu que facilement il pourroit trouver ce qu'il déſiroit, que ſi nous
rencontrions encore cette jolie perſonne
aux ſpectacles, je la ferois ſuivre pour
ſavoir qui elle eſt, que peut-être c'étoit
une demoiſelle peu riche, qui feroit charmée de vivre avec un galant-homme qui lui
feroit du bien, & répareroit l'injuſtice de
la fortune. Il m'a beaucoup remercié,
ajoutant que ſa reconnoiſſance feroit ſans
bornes, ſi je pouvois lui rendre ſervice
dans cette affaire d'où dépendoit fon bonheur. Il paroit qu'il eſt encore très-novice
en amour, tant mieux, c'eſt un tréſor pour
nous. Nous allons ~~aujourd'hui~~ à l'opéra, nous
nous placerons à l'amphithéâtre · allez aux
premieres & tâchez d'être arrivé à cinq
heures

[annotation manuscrite: aujourd'hui]

heures & un quart. (81) Que la petite ne néglige rien pour fa parure Mais qu'elle foit fans affectation & avec la plus grande fimplicité. Votre affectionné.

De M. ***, *Fermier-Général.*

Paris ce 20 Février 1783.

JE voudrois bien que vous me faffiez avoir la petite Jeannette de chez Nicolet Cela ne doit être ni cher ni difficile. Depuis que M. Bertin des parties cafuelles l'a quittée. On dit qu'elle v t avec un ancien fruitier. Arrangez cela pour le mieux, & furtout tâchez que j'en paffe vîte ma fantaifie.

De M. D***.

Paris ce 22 Févr 1783.

A peine fûmes-nous arrivés hier à l'opéra, que notre Anglais vous ayant apperçu, me tirant par le bras, s'eft écrié, la voilà, je fuis le plus heureux des hommes. J'ai eu peine à calmer fes tranfports. Il n'a de ce moment (F) été occupé que

de ses amours, & (82) ne s'est plus em-
barrassé de l'opéra. A chaque instant il me
rappelloit la promesse que je lui avois faite
de vous faire suivre. Enfin pour le con-
tenter, je suis sorti après le premier acte,
& lui ai fait accroire que j'avois donné les
ordres nécessaires pour cela, l'assurant que
je saurois lui donner des renseignemens
sur vous. Je me suis rendu ce matin sur
les neuf heures chez lui. Notre amoureux
n'avoit pas fermé l'œil de la nuit. A peine
m'a-t-il laissé le tems d'entrer, que me
voyant, il m'a dit. hé bien ! quelles nouvelles ? Serai-je le plus heureux ou le plus
malheureux des hommes ? Je lui ai répondu que je ne savois ~~rien~~ encore ~~que~~
que votre adresse ; mais que j'avois mis du
monde en campagne pour être totalement
instruit, & que pour l'être plus promptement, j'avois promis dix louis au premier
qui me satisferoit, pourvû que ce fût d'ici
à vingt-quatre heures. Il m'a répliqué.
c'est bien long. Il falloit promettre vingt-
cinq louis, & être instruit tout de suite.
Nous allons ~~enfin~~ à la comédie françaife,

mais il n'eſt pas (83) néceſſaire que vous y veniez, ni alliez à aucun ſpectacle ; j'imagine que notre Anglais voudra les parcourir tous dans l'eſpérance de rencontrer ſes amours. Demain je vous donnerai de nouvelles inſtructions pour la conduite que vous devez tenir. Votre affectionné.

De Mademoiſelle LAURETTE.

Paris ce 23 Février 1783.

JE ne pourrai, Madame, me rendre à vos ordres pour le ſouper avec ces Anglais, ſi vous n'avez la bonté de m'envoyer trente-ſix livres par le porteur, pour pouvoir retirer une robe que j'ai en gage, me faire coeffer & acheter une paire de ſouliers. Depuis long-tems je n'ai eu d'occupation, auſſi je ſuis dans la plus grande détreſſe. Si la guerre avoit encore duré un an, nous autres pauvres filles nous étions ruinées ; mais, graces au ciel, la paix eſt faite, & on dit que les étrangers arrivent en foule. J'ai l'honneur (F 2) d'être, Madame, avec refpect, (84) votre très-humble & très-obéiffante fervante.

De M. D***.

Paris ce 23 Févr 1783.

hier J'AI cru ~~oublier~~ *que* la tête tourneroit à mon Anglais ~~de ne pas fou fes amours~~. Nous avons comme je l'avois bien prévu couru tous les fpectacles. Le foir il étoit d'une humeur de diable, je crains qu'il ne fe brûle la cervelle, fi nous ne mettons pas fin à fon tourment. Je lui ai dit qu'on m'avoit rapporté que la petite perfonne étoit orpheline, & vivoit chez une de fes tantes qui menoit une vie très-rétirée, excepté le tems du carnaval, où elle donnoit beaucoup de diffipation à fa niece, en la menant aux fpectacles & aux bals. Alors, je lui propofai ~~de venir~~ *d'aller* ce foir au bal mafqué de l'opéra, dans l'efpérance de vous y trouver. Il y a confenti avec joie. Ne manquez pas d'y venir; que la petite n'ait qu'un très-petit mafque, qui laiffe à notre Anglais la facilité de la reconnoître.

Si même il ne (85) le pouvoit étant masquée, il faut qu'elle se démasque, mais vous le resterez tout le tems du bal. Dès que l'Anglais aura reconnu ses amours, il ne manquera pas de l'aborder Recommandez bien à la petite de jouer la vertueuse & l'innocente. Elle peut cependant feindre un air de tendresse pour lui, & lui demander s'il n'étoit pas jeudi aux Italiens, & vendredi à l'opéra Il sera flatté qu'elle l'ait remarqué, moi pendant tout ce tems, je causerai avec vous, & nous verrons ce qu'il y a à faire. Votre affectionné.

De M. D * * *.

Paris ce 24 Février 1783.

A peine eûtes-vous quitté le bal de l'opéra, que nous nous retirâmes. L'Anglais étoit ravi de tout ce que la petite lui avoit dit Il m'a vanté son esprit, son ingénuité, & m'a ajouté que s'il étoit amoureux d'elle, il croyoit qu'elle en tenoit pour lui. Je lui ai demandé comment? il m'a répondu, qu'elle l'avoit remarqué (F 3) à la comé-

die italienne & à (86) l'opéra , & ~~en~~
~~qu'en~~ outre il l'avoit entendu ~~soupirer~~ plusieurs
fois.✝ C'est par ma foi bon signe , Mylord,
lui ai je dit ; mais ce qui est fort heureux ,
✝ Soupirer c'est que pendant que vous entreteniez la
nièce, moi j'ai fait la conquête de la tante ;
& j'ai obtenu d'elle la permission que nous
allions leur faire une visite mardi après dîné.
Ah ! m'a répondu Mylord, que d'obliga
tions ne vous ai - je pas ! Je voudrois déja
être à ce moment.

En conséquence, il faudra vous rendre
chez moi mardi matin ~~chez moi~~. Mon appartement
sera très-commode pour l'entrevue. Il faut
que la petite continue à jouer la passionnée
vertueuse, ayez toutes deux l'air un peu
triste. Je vous en demanderai la cause, &
après bien des instances, vous me répon-
drez que vous venez d'essuyer une ban-
queroute de douze mille livres. Que quant
à vous la perte est très-considérable ; mais
pas si grande que pour votre nièce, à qui
il ne reste presque plus rien Ensuite vous
regarderez votre montre & direz que vous
êtes obligée de sortir pour aller chez votre

notaire, où vous (87) avez un rendez-
vous, que vous efpérez qu'une autrefois,
que nous viendrons vous voir, vous n'aurez pas d'affaires. Je me charge du refte,
& je gage que l'Anglais donnera à plein
collier dans le piége. Venez chez moi ~~~~
~~&~~ avant midi, afin que je puiffe vous donner encore quelques inftructions. Votre
affectionné.

+ mardi

De Mademoifelle SOPHIE.

Paris çe 25 Févr. 1783.

IL eft bien dur pour moi, chere maman,
d'avoir eu affaire avec votre diable de
Carme; il m'a mis dans un état affreux.
Je n'ai jamais de ma vie été fi malade.
Mon chirurgien que j'ai envoyé chercher ce
matin & qui m'a vifité, m'a dit que j'en
avois pour plus de deux mois Jugez de
mon malheur. J'efpere que vous m'aiderez
& ne m'abandonnerez pas dans cette occafion. C'eft fous vos étendards que j'ai
reçu ma bleffure. (F 4) Envoyez-moi,

je vous prie, deux (88) louis par la por-
teuse. Vous obligerez infinement votre
chere & affectionnée.

De M. D***

Ce 25 Février à minuit.

JE fors de fouper avec l'Anglais ; il eft des
plus amoureux Il n'a ceffé de me parler
du malheur de la petite. Il veut réparer
fa perte, en lui donnant demain un porte-
feuille, dans lequel il y aura pour douze
mille livres de billets de la caiffe d'efcomp-
te. Je lui ai dit que c'étoit des plus géné-
reux, & qu'un procédé pareil ne pouvoit
qu'achever de lui gagner totalement le
cœur de fa maîtreffe. Il doit joindre auffi
un billet galant à ceux de la caiffe d'ef-
compte, ces derniers valent mieux & font
plus énergiques que les autres Nous irons
chez vous vers les midi, ainfi il faut vous
rendre chez moi vers les dix heures J'y
ferai arranger une toilette de femme, il
eft bon qu'il trouve la petite à fa toilette
& puiffe admirer la beauté de fa cheve

lure. Il donnera (89) le porte-feuille comme une emplette qu'il a faite ce matin, en courant les marchands de la rue St. Honoré. Recommandez à la petite de ne pas l'ouvrir ~~~~~~ à peine ferons-nous fortis, ~~il~~ faudra qu'elle lui écrive ce billet.

„ Je n'aurois pas accepté, Mylord, le
„ porte-feuille, fi j'avois fçu ce qu'il ~~~~~~
„ ~~~~~~. Je ne l'ai pas dit à ma tante;
„ venez feul fur les cinq heures, elle fera
„ fortie; je veux vous remettre ce qu'il
„ contient. & vous gronder aussi de la
„ lettre qui y étoit Si vous ne venez pas,
„ je me brouille avec vous. „

L'anglais ne manquera pas de fe rendre au rendez-vous, &, pour ne le gêner en rien, je lui dirai qu'ayant affaire toute l'après-dîné, je le prie de trouver bon que je ne l'accompagne point dans fes courfes.

La petite, à cette entrevue, fera toute la réfiftance néceffaire, pour faire croire qu'elle eft novice. Cependant elle laiffera tromper l'Anglais; enfuite elle gémira, & fera toutes les petites fimagrées nécef-faires, pour augmenter encore le prix de fa

† qu'il
renfermoit

défaite. Surement (90) notre amant me fera confidence de fa victoire, & alors j'arrangerai le refte. Ne manquez pas de bien exécuter tout ce que je vous mande. Votre affectionné

De M. D***.

J'AI été ce matin au lever de mylord, & après m'être informé de fa fanté, je lui ai demandé comment il avoit paffé hier l'après-diné. Ah ! la plus agréable du monde, a-t-il répondu. Il m'a compté fon entrevue & fa victoire. Il eft au comble de la joie, il fe croit aimé & le premier vainqueur de la petite Il m'a demandé comment il pourroit faire pour vivre avec elle pendant fon féjour ici Il veut lui monter une maifon & lui donner un équipage, elle confent à vous quitter. Il doit le lui propofer cette nuit au bal de l'opéra où il a rendez vous, la petite lui ayant dit que vous deviez l'y mener. Qu'elle ré- ponde à toutes fes propofitions qu'elle c

feroit enchantée, (91) mais que ça ne
fe peut fans votre confentement, que fans
cela vous pourriez la faire enfermer. Alors
J'Anglais ne manquera pas de me confulter, & je me chargerai de négocier avec
vous cet arrangement dont nous tirerons
bon parti. Vous voyez que mes efpérantes fe font réalifées, & que nos affaires
font en bon chemin Votre affectionné.

De M. D***

CE matin, en fortant du bal, l'Anglais
m'a confulté, en me difant tout ce que
la petite lui avoit dit, elle a fort bien
joué fon rôle. Il m'a chargé de tâcher d'obtenir votre agrément, je lui ai dit que
j'irois vous voir à midi, & qu'à deux heures
je lui rendrois compte de mon ambaffade.
Je lui dirai qu'après beaucoup de difficultés & de refus de votre part, vous y avez
confenti, pourvu qu'il vous remette mille
louis que vous placerez en rente viagere fur
la tête de votre niéce, pour lui affurer un
fort le refte de fes jours. Votre affectionné.

De M D***.

Ce 28 à quatre heures d'après-midi,

L Mylord eſt allé chez ſon banquier chercher non-ſeulement les mille louis, mais encore autant pour me remettre, afin que je faſſe meubler une maiſon , & acheter tout ce qu'il faut pour loger ſon idole. Nous irons ~~probablement à ſix heures~~ vous voir, & terminer le marché Dieu merci, notre intrigue a bien réuſſi Recommandez à la petite d'agir prudemment. Elle ſera ſous peu de jours chez elle. J'ai en vue une maiſon , ~~Chaussée d'Antin~~ qui eſt à louer préſentement. Votre affectionné

De M. D***.

Ce 3 Mars à une heure d'après midi

L'ANGLAIS eſt comme un fou. il ne ſe poſſede pas de penſer qu'il va ~~poſſéder~~ ſa maitreſſe, il ne ceſſe de preſſer les ou vriers ; je crois (93) que pour jeudi la maifon fera prête, les diamans, l'équipage & les chevaux font achetés de ce matin. Ah, la bonne avanture pour nous trois ! Inftruifez bien la petite du rôle qu'elle doit jouer avec fon amant, & avertiflez-la de bien fuivre mes confeils, il faudra qu'elle vous voye peu & avec précaution, quand elle fera dans fa nouvelle demeure ; crainte qu'étant auffi connue que vous l'êtes, vous ne foyez reconnue par quelqu'un, & que l'Anglais vînt à découvrir qu'on l'a trompé. Au demeurant, ç'a feroit égal, nous en aurions toujours eu trente-fix mille livres, &, amoureux comme il eft de la petite, il ne la quitteroit point. Votre affectionné.

De M. D * * *.

Ce 10 Mars 1783.

La petite eft enfin inftallée chez elle. L'Anglais eft plus amoureux que jamais Si cela dure feulement trois mois, au train quil y va, il laiflera un bon nombre de

guinées dans ce (94) pays - ci. Mais c
qui m'inquiete beaucoup , c'eft qu'on lu
à mandé de Londres que fon pere y étor
très-malade, il m'a dit que fans la petite
feroit parti fur - le - champ, ~~car il paro~~
~~beaucoup aimer fon pere.~~ •il a écri
pour s'excufer fous le prétexte d'une indi
pofition, qui ne lui permet pas de rifque
le paffage de la mer, ~~ce qui~~ l'obligera
fe montrer rarement dans les endroits pu
blics , craignant que fes compatriotes ne l'
rencontrent & lui faffent des reproches de
n'être pas allé donner fes foins à fon pere
dont la maladie ne peut manquer d'êtr
fçue ~~ailleurs~~, étant un grand perfonnage

Pour ce qui concerne la petite, elle f
conduit toujours bien. Votre affectionné,

_____

De Mademoifelle DUVERGER.

Paris ce 14 Mars 178

Il y aura demain une courfe de chevau
anglais fur le chemin de Verfailles Si vo
vouliez, chere maman, me mener av
vous, vous me feriez grand plaifir ; c

je crois que les (95) Anglais qui font ici ne manqueront pas d'y aller. J'attends vos ordres par le porteur du préfent. Votre fidelle

---

De Mademoifelle LE DUC.

Paris ce 17 Mars 1783.

LES Anglais qui abondent ici, devant vous donner beaucoup d'occupations, j'efpere, chere maman, que vous voudrez bien agréer mes fervices & me donner quelqu'emploi. Vous favez que je fuis affez de leur goût, & que j'ai toujours plu à ceux que vous m'avez procurés. Je me recommande à vos bontés. Vous favez que je ne fuis pas ingrate & que j'ai toujours été une de vos infatigables Votre dévouée.

De M. D***.

Paris ce 18 Mars 1783.

NOTRE Anglais a reçu de très-mauvaies nouvelles de fon pere. Il veut partir & emmener la petite avec lui. Elle a paru

d'abord rejetter (96) la propofition qu'il
lui en a faite , mais je crains fort qu'elle ne
fe ren te , car je m'apperçois qu'elle a pris
de l'attachement pour l'Anglois , & s'il per-
fifte , il la gagnera d'autant plus aifémen
que la propofition eft très-avantageufe pou
la petite. J'en fuis défolé. Nous aurions pu
facilement gruger ~~la petite où nous l'avo~~
~~laiffe.~~ Il ne nous auroit pas été difficile de
nous en rendre les maîtres Dès que je
faurai quelque chofe de pofitif, je vou!
le ferai favoir. Votre affectionné.

+ la

De M. D ***.

Paris ce 18 Mars 1783 à cinq heures du for

+ cette nu

LE coup eft porté , la petite part ave
l'Anglais , il rend les meubles au tapiffier
la voiture au fellier , & les chevaux a
marchand avec des dédommagemens. Il
dépofé chez M. M **, notaire, quaran
mille écus, pour être placés en rente viage
fur la tête de la petite. Tout cela s'eft a
rangé dans la matinée fans que j'en fac

un mot. Je ne (97) l'ai appris qu'à trois heures en dînant avec eux. L'Anglais assure qu'il reviendra dès que son pere sera rétabli, ou tout de suite après sa mort. Il m'a bien remercié de mes bons offices, & m'a proposé de partir avec lui; mais ~~j'ai~~ *je s'ai* ~~refusé. Il part cette nuit.~~ Je n'ai pu le quitter jusqu'à ce moment. Demain sur les dix heures du matin, j'irai conférer avec vous sur nos affaires, & voir comment nous nous y prendrons pour nous dédommager de cette perte & en ~~engourdir~~ quel- *t'en paumer* qu'autre. Votre affectionné.

De Mademoiselle VICTORINE.

Paris ce 20 Mars 1783.

JE ne pourrai, chere maman, être aujourd'hui de la partie que vous me proposez. J'ai tant bu de Punch au souper de ces Anglais que j'en suis toute malade. Croyez que c'est à contre-cœur que je refuse. Personne n'aime plus que moi à être occupée, d'autant mieux qu'il y a très-long-tems qu'on n'a rien fait. (G) Ménagez-moi vos bontés pour une (98) autre fois. Je fuis toute à vous.

De Mademoifelle PAULINE.

Paris ce 27 Mais 1783.

J'ARRIVE de courir la province depuis trois ans. Anciennement, Madame, vous aviez des bontés pour moi, je m'appellois alors Henriette. Je vous dirai que j'ai été trompée par un officier qui m'avoit emmenée avec lui, en me promettant monts & merveilles. Mais c'eft la montagne qui a enfantée une fouris. Quittée par lui, je me fuis mife comédienne de campagne je jouois les ingénuités. Je réufiffois paffa blement dans la comédie, la troupe où j'étois faifoit affez bien fes affaires, mai notre directeur s'éclipfa avec les fonds *laiffant* ~~nous laiff~~ beaucoup de dettes. On faif auffi-tôt tout notre bagage, & nous fûme tous réduits à la mifere. La néceffité me coi traignit d'accorder mes faveurs ~~à compris un digne~~ au premier venu. Cela me caufa que ques mauvaifes affaires, & fi je n'avois p été complaiſante (99) envers l'officier de la maréchauſſée, j'aurois pu aller faire un féminaire un peu long dans une maiſon de correction. Mais au contraire, il m'a payé une place au carroſſe & m'a donné ce qu'il me falloit pour me rendre ici. Vous voyez l'état dans lequel je ſuis, j'attends tout de vos bontés, ~~Madame~~, vous n'aurez pas à faire à une ingrate. Je ſuis logée rue du Champ-fleury à l'hôtel du St. Eſprit. J'ai l'honneur d'être, Madame, avec un reſpectueux attachement, votre très-humble & très-obéiſſante ſervante.

De Mademoiſelle MANETTE, *Danſeuſe.*

Paris ce 29 Mars 1783.

IL y a ce ſoir un ballet + la petite piece ~~des Indiens~~, il me ſera impoſſible, chere maman, de me rendre chez vous avant neuf heures trois quarts, & encore ferai-je ſans beaucoup de toilette. Si je couche chez vous, il faudra ~~encore~~ que je me leve demain avant dix heures. Il y a répétition pour la piece (G 2) nouvelle, & ſi

+ après

je manquois, je (100) ferois à un louis d'amende. Croyez, maman, que je fuis très-fâchée de cela, mais à l'impoffible nul n'eft tenu. Je ferai ce que je pourrai pour arriver plutôt que je ne vous l'ai mandé. Votre très-humble fervante,

---

De M. D ***.

Paris ce 3 Avril 1783.

J'ENTRE demain chez un mylord en qualité d'interprête, mais c'eft un homme fenfé, qu'il n'eft pas aifé de jouer. Peut-être pourrions-nous feulement tirer quelque chofe de lui avec des paffades. Il eft grand amateur des arts. Il ne voyage pas pour courir, mais pour s'inftruire. Il veut, dit-il, connoître Paris & les environs comme s'il y étoit né, avant que de le quitter. J'ai un moyen tout prêt pour le mener chez vous, en lui propofant de lui faire voir vos poliffonneries au paftel & vos autres tableaux. Je ne lui cacherai pas ce que vous êtes. Il faudroit tâcher d'avoir avec vous ce jour-là une jolie fille, enfi

ce que vous avez (101) de mieux. Peut-
être mordia-t-il à l'hameçon. Je veux lui
faire faire cette partie avant qu'il ait pu
s'amouracher de quelque fille de spectacle
cle Vous voyez que je ne néglige aucun
moyen de bien faire vos affaires & les
miennes. Votre affectionné.

De M. ABRAHAM, *Juif.*

Paris ce 7 Avril 1783.

J'AI à votre service, madame, des an-
neaux chinois, des boules chinoises, des
lits postiches, des godemichés à seringue
& à piston, des martinets à clous, à tête
d'épingles, de ficelles, de cordes à boyau
& de parchemin ; des ~~condons~~ d'Angleterre, une eau préservative pour les maladies vénériennes, des chandelles arran-
gées pour donner la diligence de Marseille.
Si quelques-uns de ces articles vous conviennent, répondez-moi par le porteur, &
mandez-moi l'heure à laquelle je pourrai
vous les porter sans (G 3) vous incommo-

redingotes

der, J'ai l'honneur (102) d'être très-parfaitement, Madame, votre très-humble & très-obéiſſant ſerviteur

---

De Mademoiſelle FLORENTINE.

Paris ce 8 Avril 1783.

J'AI trouvé, chere maman, un tapiſſier qui me mettra dans mes meubles, ſi vous voulez avoir la bonté de répondre pour moi Rendez-moi ce ſervice; chaque fois que je ferai une partie chez vous, vous garderez la moitié de ce qui me reviendra juſqu'à ce qu'il ſoit payé. Je ſuis ſi ennuyée ~~chere maman~~, d'être en chambre garnie, que je me croirai la plus heureuſe des femmes, ſi je puis ~~bientôt~~ me voir chez moi Vous connoiſſez mon obéiſſance à vos ordres, & ma docilité à me prêter à tout ce que vous exigez de moi. J'attends avec impatience votre réponſe. J'eſpere qu'ell ſera conforme à mes deſirs. Votre cher enfant.

De Madame BARBIER

Paris ce 9 Avril 1783.

Madame ,

MA fille ne pourra fe rendre à vos ordres , elle a fait une fauffe-couche en fortant de danfer aux Italiens. Dès qu'elle
fera rétablie , elle ira rendre fes devoirs à
Madame , & prendre fes ordres.

J'ai l'honneur d'être avec refpect ,

Madame ,

Votre très-humble & très-
obéiffante fervante.

De M. D.***.

Paris ce 10 Avril 1783.

J'AI parlé de vos tableaux à mon Anglais ;
il doit les aller voir au premier jour. Nous
allons ~~enfin~~ à la foire & au Wauxhall, je
ferois d'avis que vous vous y trouviez avec
du joli. S'il remarque la petite que vous
amenerez, cela nous (G 4) donnera beau

feu. Il m'a dit qu'il (104) ne vouloit pas, comme ses compatriotes, avoir de maîtresse en titre , qu'il aimoit assez à faire quelques parties , & que quand il avoit une fantaisie il la passoit volontiers , pourvu que cela ne fût pas cher. Je crois qu'on pourra tirer quelque parti de lui, mais il ne vaudra jamais l'autre A ce soir. Tâchez d'avoir du frais & du peu connu. Votre affectionné.

De M. D***.

Paris ce 11 Avril 1783

Notre Anglais a remarqué la petite qui étoit hier avec vous; il a envie de l'avoir & m'a chargé de vous aller trouver ce matin, pour faire ensorte qu'il dîne avec elle à trois heures. Je suis chargé de faire les conventions. Il veut ~~avoir sur sa table tout ce qu'il y a de plus fin.~~ Arrangez-vous en conséquence. Je dois lui rendre réponse ~~chez lui~~ à midi ; je lui dirai que je me suis acquitté de sa commission, & qu'il lui en coûtera quinze louis Il faut l'amadouer. A propos, j'oubliois de vous dire qu'il ne

chere la plus délicate

boit que du vin (105) de Champagne,
& aime beaucoup le mousseux. Votre affectionné

De M. D***.

Paris ce 12 Avril 1783.

L'Anglais a été très-content de vous
& de la petite. Il a beaucoup vanté la soupe
& le bon vin. Il se promet de faire
encore quelques dîners chez vous avant
son départ. Vous devriez mettre quelques
émissaires en campagne pour tâcher d'accrocher quelques Anglois, qui sont arrivés
à l'hôtel de la Paix, & au Parlement d'Angleterre. Si je pouvois quitter le mien, je
m'en chargerois, vous pourriez
en donner la commission à S***, c'est
un intrigant de la première classe. Je lui
en parlerois bien, mais nous sommes
brouillés depuis que je lui ai enlevé un
pigeonneau. Votre affectionné.

+ La bonne chere

De Mademoiſelle FLORIMONT.

Paris le 12 Avril 1783.

JE ſerai prête, chere maman, pour aller promener avec vous ſur les Boulevards à l'heure que vous m'avez indiquée Je ſerai coeffée en cheveux & friſure neuve, j'aurai une robe blanche à petits bouquets de roſe. Rien ne manquera à ma toilette. Je vous remercie bien, chere maman, de m'avoir donné la préférence, & je ſuis toute à vous.

De M. S ***.

Paris ce 15 Avril 1783.

+ j'irai

L—— demain à dix heures +chez vous Madame, pour traiter quelque affaire qu vous intéreſſe Vous devez être étonnée de ce qu'il y a ſi long-tems que je ne vou ai rendu mes devoirs, c'eſt que j'ai toujours craint d'y rencontrer D *** avec qu je ſuis brouillé pour la vie, depuis le tou qu'il m'a joué. Il y a des choſes qui n ſe pardonnent jamais. Croyez, Madame,

que je vous fuis (107) attaché pour la
vie Votre très - humble & très - obéïffant
ferviteur.

De M. D***

VOICI une lettre que je viens de recevoir de la petite, qui eft partie avec l'Anglais Je ne vous écris qu'un mot, étant
preffé. Votre affectionné.

Londres ce 20 Avril 1783.

„ JE n'oublierai jamais, Monfieur, les
„ obligations que je vous ai, ainfi qu'à
„ maman, de m'avoir fait faire la connoif-
„ fance de Mylord ; il a pour moi toutes
„ fortes de bontés. Il m'a fait meubler
„ une maifon magnifiquement, & il n'y a
„ forte d'égard qu'il n'ait pour moi Son
„ pere eft toujours bien malade, il a une
„ maladie de langueur. Si je puis vous être
„ utile dans ce pays , ainfi qu'à ma chere
„ maman, mandez-le moi ; j'aurai le plus
„ grand plaifir de pouvoir vous marquer ma

„ reconnoiffance. (108) Il faut m'écrire
„ fous le nom de Mifs Beville, quartier de
„ Weft-Munfter Je fuis, Monfieur, votre
„ très-humble & très-obéiffante fervante.
„ Bien des ~~amities~~ *amitiés*, à Maman „ ~~s'il vous~~
„ ~~plait~~. „

De M. le Comte de E**.

PLUSIEURS de mes camarades qui paffent ici, pour aller rejoindre leur régiment, font venus me voir ce matin. Nous
fommes convenus d'aller fouper chez vous
~~enfin~~ *seront* : nous ~~fommes~~ cinq. Ayez-nous
des égrillardes, & fur-tout qu'au moins
une de ces demoifelles fache chanter. J'ap-
porterai avec moi un recueil de cantiques
& de chanfons nouvelles, qui viennent
d'être imprimés pour fervir d'inftruction à
la jeuneffe. A ce foir, après les Italiens.

Du R. P. L**, *Carme.*

Jredi prochain ff Ce 10 Mai 1783.

J'AI un prétexte pour pouvoir fortir du couvent ~~ff vendredi prochain~~. Faites prépa-rer une colation pour quatre heures & que la porte de derriere foit ouverte. Il me faut du joli, quoique je n'aie befoin de rien pour éguifer mon appetit. Je fuis un vrai Carme.

De M. l'Evêque de **.

Paris ce 17 Mai 1783.

AVANT de retourner dans mon diocèfe, je veux encore une fois, ma chere com-teffe, allei paffer une foirée chez vous. Ce fera ~~pour~~ jeudi Vous favez mes goûts & que j'arrive toujours par la petite porte.

De M. D ***.

Paris ce 18 Mai 1783.

que demain

MON Anglais m'a chargé de vous ~~dire~~ ~~qu'~~il iroit faire ~~demain~~ la répétition du dîner ~~précédemment fixé~~ ~~au 15~~ du mois passé. Il
veut la même demoiselle. Il attend incef-
famment un de fes amis , qui , à ce qu'il
m'a dit, eft un grand amateur. Je me fuis
propofé de le produire, il doit lui parler
de moi. Peut-être vaudra-t-il mieux que
celui-ci, qui n'eft pas foit fur l'article, il
eft fans ceffe occupé aux fciences. Votre
affectionné.

De Mademoifelle FRANÇOISE.

Arpajon ce 20 Mai 178?

Madame,

JE ne fuis qu'une pauvre fille de village,
mais je ne laiffe pas d'être jolie. Je fuis orpheline & n'ai pas encore dix-huit ans,
mais j'en ai bien dix-fept. J'ai fouvent e

tendu dire aux (111) domeftiques du château que j'avois un pucelage qui fe vendroit bien cher à Paris, & que fi vous m'aviez, Madame, je vaudrois de l'or. J'ai demandé votre adreffe pour m'offrir à vous. On a ri & on me l'a donnée. Si vous voulez de moi, vous n'avez qu'à le mander, j'irai *me* vous trouver avec mon pucelage. Je ne fais pas encore ce que c'eft, mais on m'a dit que vous me l'apprendrez.

J'ai l'honneur d'être avec refpect,

Madame,

Votre très-humble & très-obéïffante fervante.

De Mylord H **.

JE vous prie, Madame, de paffer chez moi demain dans la matinée, pour quelques commiffions que j'ai à vous donner. C'eft Mylord N **. qui m'a confeillé de m'adreffer à vous, & je me flatte que vous me ferviez auffi bien que lui.

A l'hôtel de Valois, rue de Richelieu, ce 23 Mai 1783.

De Mademoiſelle FINETTE.

Ce 25 Mai 1783.

Il m'eſt impoſſible, chere maman, d'être à vos ordres de tout aujourd'hui. Ces meſ fieurs d'hier m'ont tant tracaſſé & m'ont tant fait boire de liqueurs, que j'ai réſolu de garder le lit & me mettre à la diete. J'en ſuis au déſeſpoir. Votre chere enfant

De M P**, *Tapiſſier.*

Ce 30 Mai 1783.

Madame

Mandez-moi l'heure à laquelle je pourrai, Madame, aller toucher le premier terme des meubles, que j'ai fourni à Mlle Florentine, ſur votre cautionnement Votre très-humble & très-obéiſſant ſerviteur.

De M. S***.

Ce 2 Juin. 1783.

Je menerai, Madame, deux Anglais dîner chez vous. Il faudra faire ſervir du Roſtbi

De Madame la Comtesse de N xxx
ce 3 juin 1785.

Ce soir comtesse; envoyé moi a ma petite maison
deux jolies petites filles mais que cela soit du bon;
et qu'elles ayent la langue et les doigts bien —
déliés.

& du Pouding, (113) & avoir forcé Champagne mouffeux. Ils ne veulent dîner qu'à cinq heures. Je fuis chargé de vous prévenir qu'ils aiment les grandes femmes blondes aux yeux langoureux J'ai l'honneur d'être avec attachement, Madame, Votre très - humble & très - obéiffant ferviteur.

De M. E***.

Ce mercredi 4 Juin 1783.

Usé par l'extrême jouiffance, & accablé du poids de foixante ans, mes fens font très-difficiles à émouvoir. La flagellation, qui eft la reffource ordinaire des perfonnes qui font dans ma pofition, ne peut rien fur moi. Une feule chofe me rend un peu de vigueur, c'eft de voir deux femmes nües, dont l'une donne le fouet à l'autre, tandis que je la fouette à mon tour. Trouvez-moi deux filles qui fe prêtent à ma manie, *Vendredi* souper chez vous ~~vendredi au foir de Lopéra~~. (H)

De M. D***.

Ce 5 Juin 1783.

+ aujourd'hui

L'AMI de mon Anglais est arrivé. Nous *irons* devons aller ensemble chez vous aujourd'hui entre quatre & cinq heures, avant d'aller aux Italiens. Ayez ce qu'il y a de plus joli & à choisir. Il est des mieux prévenu en votre faveur, d'après ce que je lui en ai dit, & veut, dit-il faire *+* un marché à forfait avec vous. Votre affectionné.

+ avec vous

 # pour le tems qu'il passera ici

De Mademoiselle JENNI.

Paris ce 10 Juin 1783.

JE me suis enfin désamourachée, Madame, de ce diable de musicien, qui m'a tant grugé & m'empêchoit de rien gagner, ainsi je serai à vos ordres quand vous le jugerez à propos. J'ai besoin d'être occupée promptement & le plus souvent possible, *étant* car je ris on ne sauroit plus mal dans mes affaires. Qu'une fille de notre état est sotte de prendre de l'amour! Si j'avois écouté

vos avis, je ne (115) ferois pas dans
l'embarras où je ~~trouve~~ ; mais on veut faire
à fa tête & il en cuit. Je vous promets de **+maintenant**
fuivre vos confeils ~~à l'avenir~~. Penfez à moi,
chere maman , & croyez que je vous fuis
attachée pour la vie.

De Mademoifelle LUÇETTE.

Paris ce 12 Juin 1783.

QUAND vous n'aurez , chere maman ,
que des foupers de vieux paillards à faire,
ne me choififfez pas , je vous prie. Il faut
être patinée & tracaffée par ces vieilles figures, à qui il faut branler pendant un
ems infini un priape qui a plutôt l'air d'un
parchemin pliffé que d'un membre hu-
main. On n'a aucun agrément & une peine
extrême. Je veux que mon libertinage
ne rapporte argent & plaifir. Votre chere
infant.   (H 2)

De Mademoifelle CÉCILE, *de l'Opéra.*

Paris ce 20 Juin 1783.

La partie que vous me-propofez, Madame, toute avantageufe qu'elle foit, ne peut m'engager à tromper mon entreteneur, duquel je fuis très-contente. Je fais très-bien, Madame, toutes les obligations que je vous ai eu anciennement, vous n'aviez que faire de me les rappeller. Croyez que fi je fuis dans l'opulence, je n'oublie pas mon premier état. Si je pouvois vous être utile de quelqu'autre maniere, je le ferois avec grand plaifir. Je rougis de ma conduite paffée, & je trouve plus d'agrément dans une vie honnête que dans le libertinage effréné dans lequel je vivois autrefois. Je fuis, Madame, avec les fentimens que vous méritez, votre très-humble & obéiffante fervante.

De M. T***.

Paris ce 23 Juin 1783.

Madame,

Ma fille approche de l'âge de quatorze ans. Si vous vouliez nous ~~pourrions~~ traiterions ~~ensemble~~ de ses prémices. Il ne sera pas difficile de gagner la petite. Avec quelques sucreries & des caresses, on en fera ce qu'on voudra. Mais cela demanderoit quelques soins ; il faudroit que vous la prissiez chez vous en qualité d'ouvrière ou de femme de chambre. Si Madame vouloit me donner son heure, je m'y rendrois avec ma fille & nous prendrions ensemble des arrangemens.

J'ai l'honneur d'être avec un profond respect,

Madame,

votre très-humble & très-obéissant serviteur.

(H 3)

De Mademoiselle TRÉCOURT.

Paris, ce 27 Juin 1783

DEPUIS long-tems, ma chere maman, je cours le monde, & vous m'avez furement cru morte. Diverfes affaires que j'ai eu avec la Police & les pourfuites de plufieurs Créanciers, m'ont déterminée à voyager & à m'interdire tout commerce avec la capitale. Je ferai maintenant à vos ordres quand vous le voudrez. Mon abfence m'a un peu rajeuni, & je puis encore être du nombre des figures de fantaifie. Votre fidelle & attachée pour la vie.

P S - Mon adreffe eft rue du diable, à l'hôtel des Mylords.

De M. le Marquis de M * *.

Paris ce 28 Juin 1783.

QU'IL y ait quatre demoifelles prêtes pour venir fouper à ma petite maifon. J'enverrai une voiture ~~pour~~ les chercher à huit heures du foir. Il ne faut pas des prudes,

ni de trop grandes (119) coquines ; mais
de l'entre deux. Qu'elles foient en négligé
& coeffées en petits chapeaux.

_____

De Mademoiſelle LA BRUIERE.

Paris ce 29 Juin 1783.

JE me rendrai chez vous, ma chere maman, à cinq heures, comme vous me l'avez
fait dire. Voici, ci-joints, des vers qu'on
a déclamés hier à un fouper que j'ai fait avec
des officiers de Dragons Ma foi, vive dè
telles gens pour s'amufer & faire paffer le
tems agréablement Votre affectionnée.

Foutre eſt mon feul plaifir & mon unique envie ;
On ne peut fans cela goûter de vrai bonheur :
Un con fera toujours le foutien de ma vie.
Tout par lui n'eſt que bien, tout fans lui n'eſt
                                        qu'erreur.
Retenons donc ceci, mon ame, je t'en prie,
Et difons pour jamais du plus profond du cœur
Foutre eſt mon feul plaifir & mon unique envie.

_____

(H 4)

De M. S***.

L'ANGLAIS, auprès de qui je suis interprête depuis trois jours, ~~~~~~~~~~
~~~~~~~~~~ le jardin des Thuilleries & le manège : ~~ce sera vers onze heures.~~ Il faudroit que vous soyez à déjeuner sur la ter-
rasse des feuillans, & ayez avec vous une
jolie fille mise bourgeoisement, & vous en
maman. Je vous ferai remarquer en pas-
sant Votre très - humble & très - obéissant
serviteur.

Il veut voir
✝ demain
à onze
heur, ~~~~
je dois
l'accompagner

De M S***.

JE suis désolé ! l'Anglais avoit quelques
diableries dans sa tête. A peine a - t - il remarqué la petite. Je lui en ai parlé plusieurs fois, mais il m'a répondu qu'il n'é-
toit pas assez fou du sexe pour se prendre
de passion si promptement. Qu'il cédoit
volontiers à l'impulsion du désir quand la

nature fembloit le (121) demander , &
non autrement. Il me fera très-facile, a-t-
il continué , de paffer mes fantaifies fur cet
article ~~dans cette ville~~ On m'a parlé d'une
certaine Gourdan , dite Comteffe, chez laquelle on trouve tout ce que l'on peut défirer. Je la connois, lui ai-je dit; nous
irons donc au premier jour ~~Henriett~~, & *il répliqua*
s'occupa d'autre chofe. Il ne fera pas aifé, *-t-il*
comme vous voyez, de le faire tomber dans
nos filets. Heureux fi nous pouvons feulement en accrocher quelques guinées. *A* Les
Anglais font retors ~~quelquefois~~. Votre très- *A à préfent*
humble & très-obéiffant ferviteur.

De Mademoifelle DORIVAL.

Paris ce 4 Juillet 1783.

AH ! Maman, que je me fuis amufée
hier au petit fouper que vous m'avez pro-
curé. Dès que nous fûmes arrivées à la petite
maifon , il a fallu nous déshabiller , pour
nous habiller ~~enfin~~ en réligieufes. Les
hommes étoient en Bénédictins Nous avons
chanté l'office de Venus , fait plufieurs fa-

crifices à l'amour (122) & ~~fait~~ enfuite mille autres folies. Je ne me fuis jamais tant réjouie. Mon domeftique vous remettra avec cette lettre les quatre louis qui vous reviennent. Si vous avez par la fuite de pareilles parties ~~infimes~~, ne m'oubliez pas, je vous prie. Votre chere enfant

---

De M. R***.

Paris ce 6 Juillet 1783.

LE fouper, Madame, n'aura pas lieu aujourd'hui Les Anglais étant allés à Verfailles, mais il eft remis à demain. Tâchez que Fanchette, dite la grande haquenée foit au nombre des demoifelles que nous aurons, elle eft amufante & du genre de femme qu'il faut aux Anglais. J'ai l'honneur d'être, Madame, votre très-humble & très-obéiffant ferviteur.

De M. le Comte de A **.

Paris ce 7 Juillet 1783.

j'irai

J̶'̶i̶r̶a̶i̶, ma chere comtesse, passer ~~ce soir~~ une heure chez vous, je veux ~~avoir~~ Felmé, dite l'éveillée, elle n'a besoin que d'avoir un simple déshabillé. Car ~~~~ tout *il faudera* le tems que nous passerons ensemble, ~~elle~~ soit dans l'état de pure nature, cela ne lui' dera pas incommode par l'excessive chaleur qu'il fait A ce soir, comtesse.

De Mademoiselle FÉLICIA.

Paris ce 7 Juillet 1783.

J'AI été hier, chere maman, chez Nicolet Voici des vers qu'on m'y a donnés, qui font pour mettre au bas de la gravure du portrait de ce directeur des Boulevards. On dit qu'il pourra faire pendant avec celui de Cartouche. A ce soir, votre enfant.

D'un lâche sybarite examinez les traits,
Ce directeur fameux par ses grandes richesses,
Ne sçut les obtenir qu'à force de bassesses
Et de la noire il emprunte les traits

Auſſi méchant qu'avare, (124) chacun eſt ſa
victime,
On gémit du malheur d'obéir à ſes loix;
Aucun acte avec lui ne paroît légitime,
Et la vertu, l'honneur, lui refuſent leurs voix

_____

De Mademoiſelle M A R T I N.

Paris ce 8 Juillet 1783.

JE ne puis, chere maman, me rendre
à vos ordres, pour la partie avec Monſieur ***. Ce vieux podagre eſt trop dé-
goûtant & paye trop mal · il faut donner
cette pratique ou à quelques novices, ou
à du vieux parchemin. Mais moi, je ſuis
encore trop jeune ~~~~~~ pour être reduite à de
pareille Aubaine. Croyez, chere maman,
que je ſuis fâchée de vous refuſer ; perſonne
plus que moi n'aime à vous marquer ſon
zéle, étant toute à vous

_____

De M. l'Abbé de V**.

Paris ce 8 Juillet 1783.

JE me reſſens des chaleurs exceſſives de la
ſaiſon, & mes feux ſont très-conſidérables,

Demain entre dix et onze heures j'irai chez vous

~~J'irai~~ les éteindre, (125) ~~demain chez vous entre dix & onze heures~~ : quoique je ferai habillé en bourgeois, je veux entrer par la porte de derriere. Penfez à m'avoir du joli & du canonique. Je fuis une pratique qui demande des égards.

De Madame BELLEFONTAINE

Paris ce 9 Juillet 1783.

Madame,

JE vous renvoye ci-jointe l'inftruction que vous m'aviez prêtée pour ma fille, je la lui ai fait copier, afin qu'elle fe grave mieux dans fa mémoire. J'efpere, Madame, qu'elle réuffira & profitera des leçons que vous voudrez bien lui donner, elle a la meilleure volonté du monde. En vérité c'eft un bien joli enfant Pardonnez-moi, Madame, ~~que~~ j'en fais l'éloge moi-même, ~~mais~~ c'eft la force de la vérité qui m'entraine.

J'ai l'honneur d'être avec refpect,

Madame,

Votre très-humble & très-obéiffante fervante

INSTRUCTIONS.

Pour une jeune demoiselle qui entre dans le monde, & veut faire fortune avec les charmes qu'elle a reçus de la nature

1°.

LA propreté lui est absolument recommandée : il faut qu'elle prenne garde de sentir de la bouche, personne ne peut ~~sentir~~ une haleine infectée, sortiroit - elle de la plus jolie petite bouche du monde, accompagnée des plus ~~beaux yeux~~ Pour le centre de la volupté on doit souvent+rafraichir *en* ~~les~~ charmes. L'amour ne veut pas que son dard se plonge dans la fange.

Souffrir

+belles
dents
+
Les

II Il faut toujours être gaie, la tristesse ennuie & éloigne de vous. Si vous êtes capricieuse, ne la soyez que joliment, jamais avec humeur, & sachez revenir la première quand c'est nécessaire.

III. Etudiez le caractere de vos entreteneurs, pliez-vous y, & soyez toujours ce qu'ils défirent de (127) vous trouver. Il faut ~~que vous foyez~~ fouple comme un gand ~~être~~

IV. Affectez toujours le plus grand plaifir dans l'amoureufe jouiffance. quand même vous feriez infenfible, afin de faire goûter plus de plaifir à votre entreteneur, en lui faifant croire que vous jouiffez auffi, on aime à faire partager le bonheur qu'on éprouve. *prêter*

V. Il faut favoir fe ~~pofter~~ aux goûts bizares des hommes. Mais avant montrez un peu de répugnance; & faites croire en cédant que c'eft par amour. Voilà le grand art.

VI. On doit cultiver fon efprit & tâcher d'avoir quelques talens agréables, comme la mufique, la danfe. On ne captive pas longtems avec une jolie figure, on s'accoutume à la voir, & à la fin elle devient comme une belle ftatue, qu'on fe laffe d'admirer.

VII. Si vous voulez juger de la paffion de votre entreteneur, examinez-le après la jouiffance, fi fes defirs font encore les mêmes, il vous aime véritablement, mais s'il femble fatisfait, & vous abandonne auffi-

tôt, c'eſt la preuve (128) d'un attache
ment peu durable, & qui n'eſt fondé que
ſur les ſens.

VIII. Sachez vous faire reſpecter de vo.
tre entreteneur Quoique d'une naiſſance
commune, regardez - vous comme ſon
égale. L'amour rend égaux.

IX. Traitez vos gens avec bonté, mais
qu'ils ſentent toujours qu'il y a une diffé.
rence entre eux & vous. Tâchez de les
mettre peu au fait de vos infidélités, à
moins que ☙ ne ſoit indiſpenſable. Une
fois qu'ils ſavent votre ſecret, ils veulent
faire la loi, & font payer leur diſcrétion au
poids de l'or.

X. Soyéz chez vous la ſeule qui ayez
un amant. N'en ſouffrez jamais à vos fem-
mes-de-chambie. Cé ſont des ſangſues qui
ſucent les maîtres

XI. Ne conſultez jamais votre goût pour
un entreteneur : mais prenez le plus riche
Quand vous appercevez qu'un eſt ruiné
quittez - le auſſi-tôt. Si vous voyez qu'un
entreteneur veuille vous quitter, tâche
d'en trouver un autre pour lui ſuccéde

ſu

non-valeur.

XII. Ayez les larmes à commande & les mots de *fentimens*, *d'honneur*, *de perfidie*, *de cruauté*, *&c.* mais n'employcz ces armes qu'avec précaution, afin qu'elles réuffiffent.

XIII. Tâchez de tirer le plus poffible de votre entreteneur. Etudiez les moyens de le foutirer : mais ne le faites jamais qu'adroitement, & fur-tout ayez grand foin de ne pas paroître intéreffée.

XIV. Ayez l'air prodigue, mais ne la foyez point, & jamais ne faites que des dettes factices, afin de les faire payer à vos entreteneurs.

XV. Outre votre entreteneur vous pouvez avoir un jeune homme riche pour *amant*, duquel vous aurez encor quelques cadeaux : mais ne prenez jamais de *Guerluchon*, ou autrement dit de ces *bâteurs de pavé*, que quantité de femmes entretiennent, & qui les ruinent.

XVI. Si votre amant ne veut pas fe conduire avec prudence, (I) & ne venir

qu'aux heures que (130) vous lui indi-
querez, congédiez-le, quand même vous
l'aimeriez. Ayez toujours devant les yeux
cette sublime maxime : *il faut sacrifier
l'amour à Plutus.*

XVII. Vous pouvez auffi prendre un
Farfadet, c'eft un complaisant, & qui
paye quelques chiffons. Mais il ne faut pas
qu'il foit trop jeune & d'un rang trop
relevé, afin qu'il puiffe aller avec vous en
public & vous fervir d'écuyer. Un entreteneur ne fe refufe guere à cela, en lui donnant à entendre que c'eft un parent, un
efpece d'homme d'affaire. Mais s'il montre
quelque répugnance, congédiez-le auffi-tôt.

XVIII. Il faut abfolument avoir un ou
deux *Qu'importe*, ce font des vieux ri-
chards à qui on accorde de tems-en-tems
quelques faveurs. On les fait financer au
befoin, & ils font aller la maifon quand
on eft fans entreteneur.

XIX. N'ayez jamais d'amies plus jolies
que vous, elles pourroient vous enlever
vos entreteneurs.

XX. Quand vous allez en public, &

avec

~~vous menez~~ une femme ~~avec vous~~ *tachez*
~~qu'elle ne puisse pas vous éclipser, &~~ qu'on
dife toujours de vous : *Voilà la plus*
jolie.

XXI. Ne vous faites pas trop connoître, on aime à dire : *J'entretiens Made-*
moifelle une telle qui eft peu connue.

XXII. Mettez-vous avec coqueterie,
mais jamais avec indécence. Affectez un
air modefte en public, & n'ayez l'air coquine que dans le tête-à-tête.

XXIII. Que vos propos foient gazés ;
une équivoque agréable plaît, & fouvent
les chofes dites par leurs noms, dégoûtent.
Jurez rarement, & quand vous le faites,
que ce foit avec gentilefle. Il eft des occafions où un jurement eft charmant dans
la bouche d'une jolie femme.

XXIV. Ne foyez point ivrognefle ; le vin
pris avec excès abrutit & rend femblable
aux bêtes. Livrez-vous quelquefois à une
pointe de vin s'il vous ~~fait~~ gaie & folâtre : *+vend*
mais fi au contraire il vous donne de l'humeur, évitez-le avec le plus grand foin.
Il y a des femmes (I 2) à qui quelques ver-

res de champagne (132) donnent de nouveaux charmes & agrémens.

XXV. Ne vous ſervez jamais de blanc Il mine la peau & la teinit. Uſez du rouge avec ménagement ; c'eſt à imiter la nature qu'on doit ſeulement s'occuper.

XXVI. Que vos robes ne ſoient pas ~~des robes~~ de prix ; mais élegantes, & changez-en très-ſouvent, comme d'ajuſtemens.

XXVII. Conſultez votre miroir, & ne ſoyez point eſclave de la mode.

XXVIII. Ne ſoyez jamais inconſidérée dans vos démarches, & ne prenez point pour exemple celles qui diſent : *je ſuis du régiment de - - - Champagne* , jamais cela ne leur a réuſſi, & elles finiſſent toutes par mourir à l'hôpital.

XXIX. Tachez que quand vos entreteneurs vous quittent, ils ne puiſſent pas dire du mal de vous, & conſervez toujours avec eux quelques liaiſons.

XXX. Jouez bien le ſentiment : allez ſouvent aux Français, pour y apprendre à jouer une ſcene de dépit, de rupture & de racommodement. Il faut dans l'é tat de demoifelle (133) entretenue être un peu comédienne.

XXXI. Si vous pouvez avoir des étrangers pour entreteneurs, ne manquez pas de les choifir de préference à tout autre. C'eft ordinairement pour peu de tems, & en les prenant par l'orgueil, ils dépenfent beaucoup. Une demoifelle ne peut s'enrichir, qu'en changeant fouvent d'entreteneur.

XXXII. N'ayez jamais d'entreteneur du bas-étage, on n'aime pas fuccéder à quelqu'un au-deffous de foi, mais à pouvoir dire: *ma maîtreffe étoit ci-devant celle du duc, du marquis, ou du comte un tel.* Il faut même qu'une demoifelle, pour avoir un peu de vogue, ait appartenue à quelque grand feigneur. Auffi doit-elle en prendre un, quand il devroit ne l'entretenir que modiquement Les financiers, vraies gens pour enrichir, aiment à dire. *on m'a préféré à un feigneur de la cour.*

XXXIII. Ne prenez jamais de joueur pour entreteneur. (I 3) On eft trop fujette

aux caprices de (134) la fortune, & à
fupporter des humeurs infupportables.

XXXIV. On ne doit rien négliger pour
être la maîtreffe d'un miniftre; c'eft le
moyen de faire promptement fortune. On
vend les graces; il faut fe dépêcher & ne
pas perdre un moment Tel qui fe couche
miniftre, fouvent fe releve fans l'être.

- XXXV. Un brevet d'opéra eft des plus
effentiels à avoir, afin de fe fouftraire aux ordres de la police. C'eft affez aifé à obtenir :
une faveur en eft ordinairement le prix.

XXXVI. Il eft néceffaire d'avoir pour
ami des *Bonneaux*, autrement dits *Ma-*
quereaux; tel que l'abbé Chatard, le baron de ~~Valensbach~~ : afin qu'ils vous faffent
faire des *paffades*, & vous prônent aux
étrangers & aux grands feigneurs. On
doit bien faire fon marché avec eux, ils
ne font pas très-exacts pour les comptes.

XXXVII. Un homme d'églife tel qu'un
gros bénéficier, un évêque, n'eft nullement à dédaigner; c'eft comme on dit au
bon bien à plumer. En outre on peut facilement les tromper, ils ne viennent qu'

des heures réglées (135) & à caufe du *decorum*, qu'ils font obligés de garder. Ils paffent rarement les nuits, on peut facilement leur donner des fubftituts.

XXXVIII. Une demoifelle entretenue doit prendre garde de ~~fe~~ faire d'enfans ; cela lui gâteroit la taille & détruiroit les charmes de l'antre de cypris & ~~deffes~~ *des* environs.

XXXIX. Evitez de veiller fouvent, & faites peu d'ufage des liqueurs fortes ; cela blâfe une femme.

XL. Enfin une demoifelle entretenue doit prendre de toutes mains, & ne rien négliger de ce qui peut lui procurer une prompte fortune.

De M le Comte de F **.

Paris ce 9 Juillet 1783.

J'ARRIVE de courir les mers, depuis quatre ans que vous ne m'avez pas vu, vous m'avez furement cru mangé par quelques baleines. Pour vous prouver le contraire, j'irai fouper & coucher (14) chez vous-

Vous savez que (136) je n'aime que les petites femmes & les figures un peu chiffonnées. J'espere que vous me contenterez comme vous avez fait autrefois,

---

De Mademoiselle FLORIMONT.

Paris ce 9 Juillet 1783.

IL y a, ma chere maman, un noble campagnard tout neuf, qui~~ ~~, je crois, sorti de son château, que pour venir ici en guêtre par le coche, qui s'est amouraché de moi ~~ ~~ demain à ~~ ~~ dix heures & demie : il faudroit que vous m'envoyez François avec deux de ses camarades, & qu'ils vinssent comme pour m'arrêter à défaut de payement d'une lettre de change de vingt-cinq louis. Surement mon campagnard payera, & alors il sera heureux, & moi fort contente d'une si bonne matinée. Si François s'y prend comme chez Eulalie, cela ne pourra manquer de réussir ; je lui donnerai trois louis pour boire. J'espere, chere maman, que

n'as jamais

-tt je lui donne à déjeuner

yous allez donner (137) des ordres pour
obliger votre chere enfant.

De M. R ** , *Italien*

Paris ce 10 Juillet 1783.

L'ANCIEN maître d'hôtel du nonce,
Madame, m'a affuré que vous lui aviez
fouvent rendu feivice, en lui procurant
tout ce qu'on trouve en Italie; j'efpere
que vous aurez pour moi la même bonté.
Auffi ~~j'irai~~ demain vous faire ma cou~~r vous~~
~~les~~ neuf heures du matin. Je fuis, Madame, votre très-humble & très-obéiffant
Serviteur.

J'irai

De Mademoifelle THÉRESE.

Paris ce 12 Juillet 1783.

JE me rendrai chez vous , maman, habillée en petite payfanne Je jouerai bien
mon rôle, & croyez qu'on me prendra
jour auffi pucelle que l'enfant qui vient de
naître. J'ai fait ample ufage du vinaigre
aftringent & de la pomade de provence.

Affurez en toute (138) fûreté que je fuis vierge, mais · très-vierge ; je me rejouis d'avance de penfer que je vais attraper un homme. Perfonne n'aime plus que moi à les duper. A ce foir, votre affectionnée.

De M. J***.

L'AGE, Madame, a couvert mon front de cheveux gris, mais ce qui me défole le plus, c'eft que maintenant toute jouif. fance amoureufe m'eft impoffible. On m'a affuré que vous trouveriez quelques moyens de me faire rajeunir & goûter encore de l'amour. Si cela vous eft poffible, il y a vingt-cinq louis pour vous. Arrangez-vous en conféquence, je me rendrai chez vous lundi matin, & y pafferai la journée fi c'eft néceffaire, penfez à m'obliger, Madame.

De M. B.***.

Madame,

J'ai l'honneur de vous renvoyer l'inftruction que vous aviez bien voulu me
prêter. Je l'ai méditée & la fais par cœur,
je ne manquerai pas d'en bien fuivre les
principes. Croyez auffi, Madame, que ma
reconnoiffance de vos bontés durera autant
que je vivrai.

J'ai l'honneur d'être avec un profond
refpect,

Madame,

Votre très-humble & très-
obéiffant ferviteur,

INSTRUCTIONS

Pour un homme qui veut devenir Bon-
neau , autrement dit Maquereau.

I.

IL commencera par renoncer aux fentimens d'honneur & de probité : c'est la
base fondamentale.

II. Il s'accoutumera à mentir , mais sur-
tout à recevoir des coups de bâton, c'est
le casuel du métier.

III. Il faut qu'il s'instruise à fond des
rufes qu'on peut employer, pour tromper
un mari, une mere, une tante, ou une
surveillante.

IV. Il ne fera jamais exact à partager
avec les demoiselles , & les attrappera tant
qu'il pourra

V. Il fera connoissance avec toutes les
maquerelles de Paris, & jamais il ne les
trompera.

VI. Il tâchera de se faufiler avec les
grands feigneurs & les étiangers, cela n'est

pas difficile avec (141) de la foupleffe & un peu de complaifance.

VII. Il fera enforte d'engagèr les demoifelles à faire beaucoup de dépenfe, pour qu'elles foient toujours endettées & ayent befoin de faire des *parties* & des *paffades*.

VIII. Il détournera avec grand foin les perfonnes qui veulent entretenir une maîtreffe, en leur vantant le plaifir qu'il y a de voltiger comme un papillon Les entreteneurs font grand tort au métier

IX. Il faura le nom des demoifeiles élégantes, leur demeure, leur caractere, & fera enforte d'avoir des haifons avec leurs femmes-de-chambre, pour favoir les momens de détreffe & en profiter.

X. Comme la police fe mêle un peu de tout, il achetera la protection d'un des premiers commis C'eft des plus facile: un rouleau de vingt-cinq louis fait l'affaire,

XI. Il ne fervira jamais les goûts antihyfiques d'homme à homme, mais d'homme à femme. Il aura à cet effet des demoifelles toutes prétes. Il faut auffi qu'il en

aie qui fache (142) fe prêter à la bizarrerie des hommes.

XII. Il faut qu'il connoiffe des ufuriers
& des faifeurs d'affaires, afin d'en pouvoir procurer aux jeunes gens de famille
(fes pratiques) quand ils manquent d'ef-
pèces.

XIII S'il peut avoir un joli petit appartement commode, & auquel on puiffe arriver par plufieurs endroits, il s'empreffera
de le louer ; c'eft excellent pour faire faire
des parties ~~chez lui~~ aux femmes qui ont
des ménagemens à garder.

XIV. Il ne faut pas oublier qu'on a
droit de *cuiffage* : cela retient fouvent une
femme quand on peut dire en avoir *joui*.

XV. Il fréquentera beaucoup les endroits publics, afin de connoître toutes les
demoifelles.

XVI. Il ne faut jamais entre *confrère*
aller fur les brifées les uns des autres. C'eft
fujet à beaucoup de difputes & fort contraire au metier.

XVII On doit tâchei de faire croire
aux femmes que c'eft pour leur rendre fer-

vice, qu'on les (143) procure, & nullement par intérêt , mais en reconnoiffance des faveurs qu'on en a obtenues.

XVIII. Il faut, pour faire fon chemin promptement, apprendre un peu d'anglais. Alors on fe place auprès de ceux qui viennent à Paris ~~en qualité d'interprête~~ , & on en tire grand parti.

XIX. Il eft néceffaire de n'avoir jamais d'humeur, & de favoir fupporter celui des autres Il faut être un vrai *Caméléon.*

XX. Enfin on ne doit rien négliger pour faire une prompte fortune, n'importe par quels moyens. Cependant il faut prendre garde de fe brouiller avec la juftice.

De M. le Chevalier F**.

Paris ce 23 Juillet 1783.

JE t'envoye, comteffe, la chanfon que tu m'as demandée: fais la apprendre à l'éveillée, afin qu'au premier fouper elle puiffe nous la chanter. Adieu.

Air. *De Malbourouck.*

Bon jour peie Bazile :
Ah ! mon cœur, mon cœur eſt fragile,
De la pauvre Lucile
Soyez le directeur.   *bis.*
Parlez ma cheie ſœur.

❧   ❧

Trop bonne & trop facile :
Ah ! mon cœur, mon cœur eſt fragile,
J'ai fait, ſans êtie habile
Cent amans tour à tour,   *bis.*
Un gros prélat de coui

❧   ❧

Meubla mon domicile,
Ah ! mon cœur, mon cœur eſt fragile.
Sa tendreſſe débile
S'exhaloit en grands mots   *bis.*
Je hais les vains propos.

❧   ❧

Un officier agile,
Ah ! mon cœui, mon cœur eſt fragile.
Me parut moins fertile,
L'Argent manquoit toujours,   *bis.*
C'eſt le nerf des amours.

D'un

D'un Robin (145) imbécile
Ah ! mon cœur, mon cœur est fragile,
Je fis choix entre mille,
Il fût fier comme un roi.   *bis.*
J'aime à donner la loi.

❀   ❀

J'eus un abbé docile ·
Ah ! mon cœur, mon cœur est fragile.
Quand nous allions en ville,
Il cachoit son rabat,   *bis.*
Pour moi, j'aime l'éclat.

❀   ❀

Un rimeur du haut style
Ah ! mon cœur, mon cœur est fragile.
M'offrit en vaudeville
Tout l'encens des neufs sœurs.   *bis.*
Moi je hais les fadeurs.

❀   ❀

Je quittai le reptile
Ah ! mon cœur, mon cœur est fragile.
D'un géometre habile,
J'acceptai les secours ;   *bis.*
Je pris après deux jours

❀   ❀

Un Espagnol tranquile ;
Ah ! mon cœur, mon cœur est fragile.
Il étoit immobile
Comme au camp de Saint-Roch. *bis.*
Moi j'aime (K) le choc.

Un Anglais (146) indocile
Ah! mon cœur, mon cœur est fragile.
   M'appella dans son isle :
   Mon cœur est citoyen ;   *bis.*
   J'emportai tout son bien.

      ❈   ❈

   Bientôt j'eus à la file,
Ah! mon cœur, mon cœur est fragile.
   Et la cour & la ville,
   Et n'eus point de bonheur.   *bis.*
   Le vuide est dans mon cœur.

      ❈   ❈

   Daignez pere Bazile
Ah ! mon cœur, mon cœur est fragile.
   Guerir enfin Lucile
   De ses égaremens   *bis.*
   Fuyez tous les amans.

      ❈   ❈

   La chose est difficile,
Ah! mon cœur, mon cœur est fragile.
   Encore pere Bazile,
   Encore un feulement.   *bis.*
   Vous en avez eu tant.

      ❈   ❈

   En voulez-vous donc mille :
Ah! mon cœur, mon cœur est fragile.
   Un feul, pere Bazile,
   Un feul · mais qu'il foit bon.
   Quoi! fille du démon.

Appaifez (147) votre bile:
Ah! mon cœur, mon cœur eft fragile.
   C'eft vous, pere Bazile,
   Vous que Lucile prend.   *bis.*
   Le cas eft different.

✿   ✿

   Pendant la nuit tranquile
Ah! mon cœur, mon cœur eft fragile.
   Venez belle Lucile
   Derriere le couvent.   *bis,*
   Trala, trala, &c.

De Mademoifelle LUCILE.

Paris ce 24 Juillet 1783,

J'ÉTOIS allé, chere maman, faire une
pratique en ville (1), lorfque l'on eft venu
m'apporter votre lettre, c'eft ce qui
fait que je n'ai pu répondre fur-le-champ.
Vous pouvez compter fur moi pour la partie que vous me (K 2) propofez, quoi-

(1) Les demoifelles appellent ainfi les vifi-
tes qu'elles vont faire chez les vieux paill-
lards. Il en eft peu chez qui elles n'aillent
communément une fois ou deux par femaine.

que cet homme (248) exige beaucoup de complaiſance, & ait des goûts bizarres. Il faut, quand on a pris un état, en ſupporter les charges. A ce ſoir donc, à ſix heures. Votre enfant

---

De M. le Chevalier de F * *.

Ce ~~ſamedi~~ *25* Juillet 1783.

hier

JE vous ai promis ~~hier~~ lorſqu'on a chanté le cantique de Saint Joſeph, de vous

qu'on

envoyer un quatrain, ~~qui~~ a ~~été~~ fait pour M. le M. de * * *, qui s'appelle Saint-Joſeph, & ~~qui~~ a une jolie femme. Le voici :

De Saint Joſeph, vous qui portez le nom,
Comme lui avez compagne fort jolie.
Mais vous ne ſerez pas, comme votre patron
De la nombreuſe confrérie.

De Mademoiselle VICTORINE.

Paris ce 28 Juillet 1783.

VOICI, chere maman, une hiſtoire qu'on vient de me raconter. C'eſt la nouvelle du jour, je ne puis aller vous la dire. étant occupée à me faire couper les cheveux

Le préſident de *** a une petite maiſon auprès du bois de Boulogne; là ſe dé-pouillant de ſa gravité de magiſtrat, il s'adonnne au libertinage La Briſſeau (1) eſt l'intendante de ſes plaiſirs. Ils ne lui donnent point de peine. Le préſident n'a aucun goût bizarre, & même quoique vieux, n'eſt pas obligé de ſe ſervir des excitants ordinaires aux perſonnes de ſon âge, pour rappeller ſa vigueur; il ne lui faut que la vue d'un objet nouveau dans *l'etat* de pure nature. (K 3)

_____

(1) Maquerelle de Paris du premier ordre. Elle a la pratique de tous les paillards hon-teux Elle a gagné de quoi acheter une belle maiſon dans la rue Françaiſe.

Hors le tems (150) des vacances du Parlement, les ébats du préfident font réglés, la Briffeau envoye une fille avec une bonne. La coûtume eft d'arriver en fiacre, mifes bourgeoifement comme fi l'on étoit des folliciteufes, à qui Monfeigneur auroit donné rendez-vous : le tout afin de garder le *decorum* de la préfidence.

Depuis plus de trois ans perfonne ne fe doutoit de la paillardife du préfident, lorfque jeudi le Phaeton à trente fols par heure, qui conduifoit les prétendues folliciteufes, étant ivre & ne pouvant mener fes haridelles vis-à-vis la grille de la maifon, ils fe heurterent à un tombereau. La jeune beauté qui étoit dans la voiture, effrayée de voir les chevaux culbutés tête en bas & queue en l'air, fe jeta par la portiere & fe caffa le bra. Les gens du préfident, que le vacarme des deux cochers, qui juroient à l'envi l'un de l'autre, avoit fait fortir, porterent à la maifon la demoifelle, qui s'étoit évanouie. Le préfident, qu'on avertit auffiôt, s'empreſſa (151) de ſecourir ces dames, qu'il traitoit en *femmes honnêtes.* A force de ſecours on fit revenir julie, (c'eſt le nom de la dulcinée). Dès qu'elle eut repris ſes ſens, elle ſe mit à dire : *ah ! préſident , quelle foutue partie ! je m'en reſſouviendrai long-tems ! mais qui me payera mon bras caſſé?* Le préſident confus d'un pareil diſcours qu'avoient en- tendu ſes valets ſe retira , ~~donnant or-~~ ~~dre~~ qu'on lui donnât dix louis.   *ordonnant*

Il n'y a pas de mal , chere maman, que les paillards honteux ſervent quelque- fois de *riſée* aux jeunes gens ; ils les font aſſez enrager avec leurs ſermons, en ne ceſſant de leur vanter leur prétendue ſa- geſſe. J'oubliois de vous dire, qu'on dit que les demoiſelles, qui compoſent le *ſérail* de la Briſſeau, ne feront plus appellées que *les ſolliciteuſes du préſident de* ***. Penſez que je ſuis toujours à vos ordres, vous connoiſſez mon attachement, votre chere enfant.   (K 4)

De Mademoifelle SERVINI.

Ce Mardi. (*)

COMME vous avez défiré, chere maman, de favoir les vers que M. Piis a fait contre l'abbé Geoffroy, qui l'a critiqué dans l'année littéraire, dont il eft redacteur, je les ai demandés hier au chevalier dé * **. Les voici, ainfi que la réponfe de l'abbé. A demain, votre enfant.

EPIGRAMME.

Quel eft donc cet abbé, qui vient parler en
        maître,
Et qui de feu Freron épele le métier ?
C'eft Géoffroy Langevin peut être :
Oh' non, c'eft Géoffroy l'afnier.

RÉPONSE.

Je fuis Géoffroy l'afnier, fans doute,
Témoins les fanglans coups de fouet
Dont j'accable chaque baudet
Que je rencontre fur ma route.

(*) N'y ayant pas de date à cette lettre ainfi qu'aux fuivantes, nous avons cru devoir les placer après toutes celles (K 3) qui ~~font~~ *en ont.*

De M. le Ch. de P***.

Ce Lundi.

Voici l'énigme épigrammatique qu'on a fait contre ce pauvre M de la Harpe, quoiqu'il vienne encore de nous donner des preuves de son génie & de ses talens. Mais l'envie a toujours été acharnée après les grands hommes.

Je suis un instrument, un poete, une rue,
Rue des pédans très - souvent parcourue.
Instrument, par més sons je charme ~~l'ennui~~ *l'univers.*
Poete, j'endors par mes vers

De Mademoiselle FLORIVAL.

Ce vendredi.

Hier, ma chere maman, j'ai été aux Italiens ; on a donné le printems : un de ces jolis riens de Mrs Prs & Barré Madame Dugazon s'étoit fait doubler par la petite Débrosse, qui n'est pas sans talent, mais elle n'a pu approcher le jeu fin de la

Dugazon. Pendant (154) la premiere &
la feconde piece un des fpectateurs a fait
les deux couplets ci-joints , pour engager
Madame Dugazon à ne fe plus faire doubler. Si vous avez à faire de moi demain
je ferai à vos ordres , mais pour dimanche
j'ai une partie d'arrangée. Votre chere
enfant.

Air : *Trifte raifon j'abjure, &c.*

L'hiver me plaît , j'aime affez la veillée,
Des vendangeurs j'aime auffi la faifon.
Mais au printemps la nature éveillée ,
M'offre des fleurs & fur-tout du Gazon.

Dans les printemps & berger & fillettes
Cueillent gaiement la rofe , le bouton.
Grace légere orne leurs chanfonnettes ,
Mais au printems il nous faut Dugazon (1).

(1) Si la nature n'a pas donné en partage
à Madame Dugazon une jolie figure , elle l'a
bien dédommagée par les dons d'un efprit fin
& des graces. C'eft en grande partie à fon jeu,
celui de Mademoifelle Lefcaut , de Mrs. Ro-
fiere , Clerval & Trial , que les pieces de
Mrs Piis & Barré doivent leurs grands fuccès.

De M. F * * *.

Ce Samedi.

je méjuerai

L~~e moine~~ ce ſoir, Madame, quatre étrangers ſouper chez vous, il faudra nous faïre
avoir *la façonnée, la pimpante, la migno-
ne, la mutine & l'évantée.* ~~Quant à l'en-
droit où~~ il faut que nous ſoupions, ~~c'eſt~~
dans le ſallon de derriere. Faites provi-
ſion de vins de Champagne, mes étrangers l'aiment beaucoupp. Ils veulent auſſi
avoir un violon pour danſer. Nous arrive-
rons à neuf heures après les Français, où
nous allons voir une tragédie. Votre affectionné.

De M. M***.

demain

ENVOYEZ-MOI ~~demain~~ une fille pour paſſer la matinée, vous l'inſtruirez comme il faut qu'elle ſe conduiſe pour me de-mander, & de la maniere dont elle doit être miſe. Je ne veux pas de la *Superbe*. En vérité on lui a donné un ſurnom qui lui va à merveille : elle a l'air d'une reine, & à peine permet - elle qu'on la touche. On diroit que c'eſt une faveur qu'elle vous fait, que vous êtes pour ſon plaiſir, & non elle pour vous. Je me ſouviens que vous m'avez parlé de l'*Alerte*, comme d'une bonne enfant & très - com-plaiſante. Hé bien , envoyez-la moi. C'eſt toujours à l'heure ordinaire.

De M. l'ENTENDU , *Ecrivain fous les*
Chai niers

Madame ,

J'AI l'honneur de vous envoyer ci-jointe
une copie de votre réglement , je ne pourrai
faire l'autre que demain , ayant ~~à écrire~~
aujourd'hui plufieurs comptes de cuifinie-
res , quatre lettres d'amour & un placet
au Roi.

+ à écrire

J'ai l'honneur d'être avec le plus profond refpect ,

Madame ,

Votre très-humble & très-
obéiffant ferviteur.

RÉGLEMENT

*Pour les demoiselles qui composent le sérail
de Madame Gourdan.*

ARTICLE I.

TOUTES les demoiselles auront entre-
elles la plus grande honnêteté, & elles ne se
diront jamais des sottises, sous peine d'en-
courir la disgrace de Madame Gourdan, &
en cas de récidive, d'être bannies pour un
mois.

ARTICLE II.

Toute demoiselle qui aura osé lever la
main sur une de ses compagnes, sera bannie
à perpétuité.

ARTICLE III

Toute demoiselle qui aura juré & se sera
mise en colere, sera à l'amende de ce
qu'elle gagnera dans la journée, & trois
jours au service des vieux.

ARTICLE IV.

Toutes les demoiselles seront douces avec

les bonnes , & (159) les traiteront avec bonté. Si elles ont à s'en plaindre, elles s'adresseront à Madame Gourdan, & ne se feront jamais justice elles-mêmes, sous peine d'un jour d'amende, & de deux jours au service des vieux.

ARTICLE V.

Toute demoiselle qui se comportera avec un monsieur d'une maniere malhonnête, & qui l'aura mis dans le cas de faire des justes plaintes, sera bannie pour trois mois & en cas de récidive à perpétuité.

ARTICLE VI.

Aucune demoiselle u'aura de familiarité avec les coeffeurs ou les domest'ques, sous peine de bannissement perpetuel.

ARTICLE VII.

Lorsque les demoiselles seront appellées dans le sallon, pour être présentées à une pratique, aucune ne l'engageront de vive voix à la préférer à ses campagnes ; elles tâcheront seulement par l'enjouement de leur figure & de leurs gestes, d'avoir la préférence. Les contrevenantes seront à l'amende de trois (160) jours, & quinze jours au service des vieux,

ARTICLE VIII.

Si un homme vouloit agir avec une demoiselle d'une maniere qui ne conviendroit pas, elle sera maîtresse de le quitter, mais il faudra qu'elle se rende sur-le-champ auprès de Madame Gourdan, afin de l'instruire de cette démarche, & quelles en sont les raisons.

ARTICLE IX.

Si une demoiselle se met nue, sans qu'il lui ait été dit par la bonne qui la conduit au boudoir, *qu'elle peut faire ce qu'exigera le Monsieur*, elle sera à l'amende de huit jours, & quinze jours au service des vieux.

ARTICLE. X.

Toute demoiselle qui aura une santé équivoque, & n'en avertira pas, sera bannie à perpétuité.

ARTICLE XI.

Toute demoiselle qui ne se sera pas bien condite avec un vieux, sera pour la premiere fois à l'amende de huit jours, pour la
seconde

feconde ~~à l'amende~~ (161) de quinze jours
& pour la troifieme bannie pour fix mois.

ARTICLE XII.

Toute demoifelle qui fe prêtera à un goût
bizarre, & qui n'en aura pas été prevenue
par la bonne, fera à l'amende de huit jours,
& un mois au fervice des vieux.

ARTICLE XIII.

Toute demoifelle *externe* qui fera con-
vaincue d'avoir donne fon adreffe, fera
bannie à perpétuité.

ARTICLE XIV.

Les demoifelles feront refponfables des
meubles, des appartemens. ~~Aufi qu'il s'y~~ *Si une pra*
commet quelques dégats ~~par une pratique~~;
elles avertiront avant qu'elle ne forte, fi-non
elles payeront le dommage.

ARTICLE XV.

Aucune demoifelle ne fe mettra aux fenê-
tres qui donnent fur la rue, fous peine d'un
jour d'amende.

ARTICLE XVI.

Toute demoifelle qui dans un foupé
aura trop bû & (L) fera quelques fot-

tifes., fera à l'amende (158) d'un jour, &
de deux jours au fervice des vieux.

ARTICLE XVII.

Toute demoifelle qui n'avertira pas lorfqu'elle fera dans fon *tems critique*, fera
quinze jours au fervice des vieux.

ARTICLE XVIII.

Toute demoifelle qui aura été faire une
partie en ville, & qui ne fera pas exacte
pour le compte, fera bannie à perpétuité.

ARTICLE XIX.

Toute demoifelle qui auroit volé quelque chofe à un Monfieur, fera bannie à
perpétuité.

ARTICLE XX.

Les amendes feront employées à l'entretien des demoifelles qui auront gagné quelques maladies au fervice de la maifon.

AVERTISSEMENT

DE

L'ÉDITEUR.

Avec les lettres de Madame Gourdan, il s'eſt trouvé un recueil des chanſons, qui ſe chantent aux petits ſoupers qu'on fait chez elle. Je l'aurois donné tout entier au Public, ſi je n'avois craint de rendre trop volumineux cet ouvrage. Mais j'ai cru lui faire plaiſir de

lui donner (L 2) que

les moins (164) connues.

~~le Public les accueille favorable~~
~~ment, je me propose alors pour la fin~~
~~à les donner (dans un volume~~
~~féparé) le recueil entier.~~

———

CHANSON.

D'un bouquet de romarin
  Lucas fit emplette·
Il fut le porter soudain
  A sa Colinette.
Je ne veux rien mon enfant,
Lui dit-il, pour le préfent,
Accorde - moi feulement
  Que je te le mette.

Grand' merci, Monfieur Lucas,
  Ma mere , peut-être
En le voyant grondera ,
  Car elle eft bien traitic.
Craignons fes empoitemens ,
Ne perdons pas un moment
Et tandis qu'elle eft aux champs,
  Venez me le mettre.

Lucas s'approche auffi-tôt,
  Plus chaud que braife
Et l'affied fur deux tréteaux,
  N'ayant pas de chaife;
Il délaffe fon corfet,
Prend de la main fon bouquet:
Et tandis qu'il lui mettoit
  Elle pamoît (L 3) d'aife

Jeunes filles (166) un beau-gage
   C'eft le bien fuprême :
Il faut toujours foulager
   Celui qui vous aime.
On perd tout en refufant,
Laiffez faire votre amant,
S'il s'y prenoit gauchement,
   Mettez-le vous même

CHANSON.

Air : *Je le compare avec Louis.*

Rofette eft jeune, a mille appas,
L'efprit joyeux & l'ame tendre.
J'aime à la voir, j'aime à l'entendre
Par tout je vole fur fes pas.
Lorfqu'en fes bras l'amour m'appelle
Je me fens, je me fens,
   Auffi jeune qu'elle.

Je la conduis dans un bofquet
Cueillir des fleurs fraîches éclofes,
Elle eft plus belle que les rofes,
Dont je fais choix pour fon bouquet
Près de fon fein elle l'arrange
Et je lui prends, & je lui prends
   Le fien en échange.

Le roffignol au (167) bois le foir
Unit fes chants à fa voix tendre
Mais non contente de l'entendre ,
Hier elle voulut l'avoir.
Je courus après dans le bocage   bis.
Et je lui mis , & je lui mis
Le fripon en cage.   bis

Rofette feule eft toute pour moi ;
Mon cœur lui cede un plein empire.
Elle ne ceffe de me dire
Qu'au fien auffi je fais la loi ,
En lui prouvant combien je l'aime   bis.
Je lui fais, je lui fais
Un plaifir extrème.   bis.

Par l'amitié , notre bonheur
S'affure bien d'avantage ,
En vain l'amour fera volage ,
Nous ne ferons jamais qu'un cœur.
Qu'avons-nous donc de mieux à faire   bis
Que de nous , que de nous
Aimer & nous plaire.   bis

CHANSON

Air - *De l'amour quêteur.*

Dû départ de l'amour quêteur
Confole - toi (L 4) ma belle amie.

Difoit un jour (168) à fœur Julie
Son éloquent directeur.
Réfolu de venger l'injure
De ce volage mirmidon,
J'ai dérobé fon cordon   bis
Il eft à ma ceinture.   bis.

🕊 🕊

Dis-tu vrai ? s'écria foudain
La fœur dans une joie extrême.
Pour m'en convaincre moi - même
Je veux y porter la main,
Je le fens ! la bonne avanture !
Comme il eft gros ! comme il eft long !
Ma foi ce joli cordon   bis.
Fait bien à ta ceinture   bis.

🕊 🕊

C'eft à toi, reprit le grivois,
Qu'amour en deftine l'ufage,
Le voici, prends, fort bien courage,
Il eft digne de ton choix ;
Vous m'avez fait une bleffure.
Arrête ! ... qu'ai-je dit ? ... non ... non
Pourfuis ton charmant cordon   bis.
Convient à ma ceinture.   bis.

🕊 🕊

Déformais je veux le garder,
Je prétends m'en fervir fans ceffe,
Dût s'en facher la mere abbeffe :
Rien né pourra me l'ôter.

Mais il a changé (169) de figure !
Il semble fuir ! ô trahison !
Se peut-il que ton cordon   bis.
S'ennuye à ma ceinture   bis.

J'ai souvent, jadis entendu
Ainsi gémir mon Hippolitte .
Quand je lui retirois trop vîte
Le fruit qu'on dit défendu
Beau sexe , trêve à vos murmures,
Ca. plus que vous nous engageons,
Quand nous sentons nos cordons   bis.
Déserter vos ceintures   bis

CHANSON.

Une fillette sans ami ,
C'est un ruisseau sans planche,
C'est un rossignol endormi
Sur le haut d'une branche.
C'est un pelerin sans bourdon,
Comme un arbre sans hante,
C'est un jardin à l'abandon
Où personne ne plante

C'est une cage sans oiseau ,
Une lampe sans huile·
Une quenouille sans fuseau
Que personne ne file.

C'eſt un champ (17᷉) qu'on ne ſeme pas,
C'eſt une terre en friche.
C'eſt un bois touffus & plein d'appas
Où point d'oiſeau ne niche.

᪥᪥᪥   ᪥᪥᪥

C'eſt un enfant dans le berceau
Que perſonne ne berce,
C'eſt du bon vin dans un tonneau
Qu'on ne met point en perce.
C'eſt un joli petit tréſor
Qui devient inutile:
C'eſt une aiguille d'or
Que perſonne n'enfile.

᪥᪥᪥   ᪥᪥᪥

C'eſt un carroſſe ſans chevaux,
Un moulinet ſans roue.
C'eſt un trou Madame des plus beaux
Où perſonne ne joue:
C'eſt un zero & rien de plus,
Dont on ne tient pas compte;
C'eſt un cheval de mille écus,
Que perſonne ne monte.

CHANSON.

Air . *Je le compare avec Louis.*

Sur un ſopha tranquillement
J'étois un ſoir près de Silvandre:
Qui me peignoit d'un air bien tendre
Sa vive flamme & ſon tourment

L'amour dit-il (171) me défespere *bis.*
J'aime en fou , j'aime en fou
Vos attraits ma chere.   *bis.*

Vous fentez bien de quel courronx
M'enflamma ce hardi langage .
Je voulus faire du tapage ,
Mais il fe mit à mes genoux.
Vous me grondez , Eléonoie :   *bis,*
Allez vous , allez vous
Vous facher encore ?   *bis.*

En me priant de m'appaifer
Il en devient plus téméraire :
Pour me défendre j'eus beau faire ,
Il me fuiprit un doux baifer
Prête à venger pareille offenfe ,   *bis.*
Il me mit , il me mit
Hors de réfiftance   *bis.*

Ne bornant pas là fon amour ,
Il ofa même davantage.
Pour qu'il ceffa ce badinage
J'allois appellei du fecours ,
Mais quatie fois ce petit drôle .
Mais quatre fois fans hyperbole ,
Il me fit , il me fit
Perdre la parole.   **bis**

A peine eu - je repris mes fens ,
Que je lui parlai de la forte .

Pour toujours, je vous la défends.
Ah! si je n'entre à l'ordinaire ,   bis.
J'entrerai, j'entrerai,
Dit-il, par derriere.   bis.

❧   ❧

Le résultat de tout ceci,
C'est que ce coquin de Silvandre
De tant de façon sait me prendre ,
Qu'il faut se rendre à sa merci ,
J'ai beau le prier à main jointe   bis.
En avant, en avant
Il passe sa pointe.   bis.

CHANSON.

Air . *Il faut attendre avec patience.*

Chacun sait ce qu'aux trois déesses
Le beau Paris offrit un jour
C'étoit de bien foibles largesses ,
Pour preuve d'un si fort amour.
Ce Paris étoit un pauvre homme,
J'aurois offert dans son ardeur
Bien autre chose qu'une pomme,
Si j'en juge d'après mon cœur.   bis

❧   ❧

Si comme nous, de la nature
Il reçut ce charmant hochet

Qui va si bien à (173) la ceinture
De celle à qui l'on le met,
Pour qui donc ce lot gentilhomme
Gardoit-il ce joujou flatteur ?
Venus l'eut pris mieux qu'une pomme,
Si j'en juge d'après son cœur.   *bis.*

De ce nigaud, je vous le jure,
Point ne ferai l'imitateur
Son rôle dans cette avanture
N'est pas celui d'un bon acteur ;
Ce n'est pas avec une pomme
Que des femmes on est vainqueur,
Il faut se comporter en homme,
Et s'introduire dans leur cœur.   *bis.*

Tour à tour à ces immortelles
J'aurois présenté mon bijou.
En leur disant, mes toutes belles,
Ouvrez la main il est à vous.
Venus comme reine du monde
Auroit eu les honneurs du pas,
Junon l'eut été la seconde,
Et j'aurois fini par Pallas.   *bis.*

CHANSON.

Luison arrivoit au village,
    C'étoit le soir
Elle crut voir sur son passage,
    Il faisoit noir,

Accourir le (174) jeune Silvandre,
    Lifon eut peur :
Elle ne voulut pas l'attendre ;
    C'eft un malheur.
C'étoit le foir, il faifoit noir.
    Lifon eut peur,
    C'eft un malheur

Que pouvoit faire cette belle ?
    C'étoit le foir .
Silvandre court plus vîte qu'elle ;
    Il faifoit noir.
Il la pourfuit, enfin l'arrête ,
    Lifon eut peur .
La peur la fit choir fur l'herbette :
    C'eft un malheur.
C'étoit le foir , &c.

Quand Lifon fut ainfi tombée ,
    C'étoit le foir ;
Le berger à la dérobée,
    Il faifoit noir .
Voulut lui ravir une rofe,
    Lifon eut peur.
La peur ne fert pas à grand' chofe ;
    C'eft un malheur.
C'étoit le foir , &c.

Perfonne n'étoit fur la route,
    C'étoit le foir.

Bientôt Lison (175) n'y voit plus goute,
    Il faisoit noir.
Elle veut enfin se défendre ,
    Elle avoit peur :
Que faire hélas ! il fût la prendre ,
    C'est un malheur.
C'étoit le soir , &c.

⁂   ⁂

Lison paroît fort inquiete
    Depuis ce soir .
Et ne veut plus aller seulette
    Quand il fait noir.
La belle devient moins légere ,
    Elle a grand peur :
Dans neuf mois que dira sa mere,
    C'est un malheur
C'étoit le soir , il faisoit noir
    Lison eut peur ,
    C'est un malheur.

CHANSON.

Air . *Et voilà comme , & voilà , &c.*

Blaise un jour voulant m'embrasser ;
Je fis semblant de me mettre en colere.
Le sot alors , pour m'appaiser ,
Me promit bien de n'y plus retourner.

Pierrot fait mieux (176) ce qu'il faut faire,
Ce que je n'ose donner, il le prend,
Et voilà comme, & voilà juftement
Comme il faut que faffe un amant.

CHANSON.

Air   *De la béquille du pere Barnabas.*

Sur les vaiffeaux d'a nom,
Commerçante gentille,
Théiefe mit un jour
Ses gants en pacotille ·
Hélas ! la pauvre fille,
. Pour tout gain n'attrappa
Qu'un grand coup de béquille
Du pere Barnaba.

CHANSON.

Air. *Et voilà comme, & voilà, &c.*

Tiimide, froid & languiffant,
Blaife me glace, en difant qu'il m'adore,
Pierrot, plus vif & plus preffant,
Par fes tranfports m'amufe infiniment.
Dès le matin, avant l'aurore,
Il vient à moi tout en batifolant.
Et voilà comme, & voilà juftement,
Comme il faut que faffe un amant.

S1

Si Blaiſe m'apporte (177) un œillet ;
Il eſt offert d'une façon ſi gauche,
   Que cet hommage me déplait ;
Vive Pierrot pour donner un bouquet !
   Dès qu'il m'apperçoit il s'approche ;
Puis dans mon ſein le place galamment,
Et voila comme ; &c.

🕊   🕊

   Lorſque ſeulette & ſans témoin ,
Je vais au bois y réver à l'ombrage ,
   Ou repoſe ſur le ſainfoin ,
Blaiſe me guette & me lorgne de loin.
   Pierrot plus au fait de l'uſage ,
Dans un boſquet me devance & m'attend.
Et voilà comme , &c,

🕊   🕊

   Quand je prends Blaiſe pour danſer ,
A peine , hélas ! entre-t-il en cadence ;
   Un rien ſuffit pour le laſſer ,
Et jamais il ne veut recommencer.
   Mais Pierrot a l'air à la danſe ;
Quand il s'y met, ah ! qu'il y va gaiement !
Et voilà comme , &c.

🕊   🕊

   Si j'invite Blaiſe à jouer
Du flageolet le ſoir dans la prairie ,
   Plus d'une heure il ſe fait prier ,
A peine a-t-il la (M) force d'entonner,

Pour Pierrot dès (178) que je l'en prie,
Son chalumean d'enfler au même inftant
Et voilà comme, & voila juftement,
    Comme il faut que faffe un amant.

CHANSON.

Ce mouchoir, belle Raimonde,
  Eft contre votre intérêt,
Il cache une gorge ronde . . .
  Ah! ça, Monfieur, s'il vous plaît!
  Ne dérangez pas le monde,
  Laiffez chacun comme il eft.

Belle, étes-vous auffi blonde,
  Qu'à vos fourcils il paroît?
Je veux voir cela, Raimonde . . .
  Oh! ça, Monfieur, s'il vous plait!
  Ne dérangez pas le monde
  Laiffez chacun comme il eft.

Faudroit-il que je vous gronde?
  Le traitre... queft-ce qu'il fait...
Ah! je vous tiens bien, Raimonde!
  A votre tour, s'il vous plaît,
  Ne dérangez pas le monde,
  Laiffez chacun comme il eft.

La premiere (179) fois Raimonde
Ne fut pas fenfible au fait.
Mais quand ce vint la feconde
Elle y prit tant d'intérêt,
Qu'elle dit puiffe le monde
Refter toujours comme il eft.

🐦 🐦

Si tu veux, belle Raimonde
Voir tes défirs fatisfaits ;
Quand tu fentiras le monde
A s'éteindre bientôt prêt :
Qu'un peu ta main le féconde,
Il reftera comme il eft.

CHANSON.

Air : *Jupin de grand matin.*

Ce petit air badin,
Ce tranfport foudain
Marque un mauvais deffein ;
Tout ce train
Me laffe à la fin ;
De deffus mon fein
Retirez cette main.
Que fait l'autre à mes pieds ?
Vous effayez
De paffer le genou !
Etes - vous (M 2) fou ?

-Voulez-vous (180) bien finir
        Et vous tenir ;
Il arrivera, Monsieur,
        Un malheur.
Mais quoi ? j'ai beau prier !
        Je vais crier !
Tout me manque à la fois,
        Et force & voix.
En entrant avez-vous
"Tiré du moins sur nous
        Les verroux ?

CHANSON.

Air. *Du Vaudeville d'Epicure.*

Profitons de notre jeunesse,
C'est l'âge heureux de la gaieté ;
Malgré la chagrine vieillesse,
Livrons-nous à la volupté.
Pourquoi, dans le printemps de l'âge
Vouloir contraindre nos désirs ?
On est toujours assez-tôt sage ;
Il n'est qu'un tems pour les plaisirs.

Ah ! vivre dans l'indifférence,
C'est traîner ses jours dans les fers ;
L'amour double notre existence,
On naît pour un autre univers.

Les sages font (181) ce que nous sommes;
Ils sont soumis à deux beaux yeux:
Les cœurs froids ne font que des hommes:
En aimant, on s'égale aux dieux.

❦ ❦

„ Renonce au cœur de ta Zelmire : „
(Diroit le maitre des mortels,)
„ Et l'univers est ton empire; „
„ Si c'est trop peu, prends mes autels! „
Moi dieu cruel: moi m'y resoudre?
On s'ennuie à lancer la foudre;
Et jamais du bonheur d'aimer.

❦ ❦

Pourquoi condamner cette flamme,
Qu'allume dans nos cœurs la beauté?
Du plus pur rayon de leur ame
Les dieux ont fait la volupté!
Toi que j'aime, toi que j'admire,
Puisque notre ame ne meurt pas;
Je pourrai donc, ô ma Zelmire,
T'aimer au-delà du trépas!

CHANSON.

Air : *Du Vaudeville de la Rosiere.*

Des Dieux qui regnent dans monceaux,
Tour-à-tour chantons les louanges,
Parons des roses de Paphos
La coupe du Dieu (M 3) des vendanges;

x1x Ton Sceptre ne peut nous charmer:

Qu'eſt-ce qu'amour (182) ſans ce doux jus ?
Sans amour, qu'eſt-ce que bacchus.

❦   ❦

Pour qui boit & n'aima jamais,
Ce dieu charmant n'eſt plus le même ;
Mais il reprend tous ſes attraits
Pour qui bois à l'objet qu'il aime.
Sans l'amour, qu'eſt-ce que bacchus ?
Queſt-ce qu'amour ſans ce doux jus ?

❦   ❦

Le dieu d'amour n'a plus de feux,
Si le dieu du vin ne s'éveille.
De tous tems le myrte amoureux
Fleurit à l'ombre de la treille.
Qu'eſt-ce qu'amour ſans ce doux jus ?
Sans l'amour, qu'eſt-ce que bacchus ?

❦   ❦

Jeunes beautés, laiſſez toujours
Bacchus ſe jouer ſur vos traces.
Ce dieu ranime les amours,
Ce dieu fait embellir les graces.
Qu'eſt-ce qu'amour ſans ce doux jus ?
Sans l'amour, qu'eſt-ce que bacchus ?

❦   ❦

Fêtez bacchus, amans heureux,
Il doublera votre tendreſſe.
Amans trahis, buvez comme eux,
Il charmera votre triſteſſe.
Qu'eſt-ce qu'amour ſans ce doux jus ?
Sans l'amour, qu'eſt-ce que bacchus ?

CHANSON.

Air : *Du Biribi.*

Gens de bien , prêtez silence ,
Plaignez mon destin maudit
Qui me fait aimer Hortense,
Qu'un moine gris en secret instruit
Dieu vous garde du moine gris ,
    Biribi ,
  Dieu vous garde du moine !

Si par mon bien je la tente,
Par mon rang, par mon crédit,
Lui, plus modeste, ne vante
Que son âge & son habit.
Dieu, &c

Si je parle à la perfide ,
L'amour me rend interdit
Mais lui, d'un regard avide
Accompagne son débit.
Dieu, &c.

Si je vole chez la belle
Sitôt que l'aurore luit,
Je trouve chez l'infidelle
Mon rival qui s'établit.
Dieu, &c,   (M 4)

A fa porte, (184) en petit-maître,
Si je fais le guet la nuit,
Je le vois par la fenétre
Qui, malgré moi, s'introduit.
Dieu, &c.

      🕊   🕊

Si je caufe à fa ruelle,
Il s'affiet deffus fon lit;
Et fi je bois aveo elle
Quatre coups, il en boit huit.
Dieu vous garde du moine gris,
      Biribi,
Dieu vous garde du moine!

RONDE A DANSER.

Air : *V'là c'que c'eft qu'd'aller au bois.*

L'autre jour Blaife m'embraffa,
Pafs' pour ça, oh ! pafs' pour ça.
Mais après cette gaieté-là,
    Voyant maître Blaife
    Se mettre à fon aife,
Je lui dis : compere, halte-là !
Ah ! fort peu d'ça. Ah ! fort peu d'çà.

      🕊   🕊

Je lui dis, compere, halte-là !
Fort peu d'ça. Ah ! foit peu d'ça.

Mais à peine (185) eus-je dit cela,
   Que Blaise me bouche
   D'un baiser la bouche.
Je trouvai plaisant ce tour - là,
Ah! pass' pour ça, ah! pass' pour ça.

Je trouvai plaisant ce tour-là,
Pass' pour ça, ah! pass' pour çà.
Mais à mes pieds il se jetta,
   Et fit des demandes,
   De faveurs plus grandes;
Vous jugez comme on l'écouta:
Ah! fort peu d'ça, ah! fort peu d'ça.

Vous jugez comme on l'écouta;
Fort peu d'ça, ah! fort peu d'ça.
Mais, par un hasard, ce jour-là
   Ayant une entorse,
   Il me prit de force,
Malgré moi qui voulois bien ça.
Ah! pass' pour ça, ah! pass' pour ça.

Malgré moi qui voulois bien ça.
Pass' pour ça, ah! pass' pour ça.
Et tout d'un coup s'arrête-là
   Ah! Blaise est tout comme,
   Tout comme un autre homme;
Et je vois qu'il me donnera,
Ah! fort peu d'ça, ah! fort peu d'ça.

Et je vois qu'il (186) me donnera
Foit peu d'ça, ah ! foit peu d'ça.
Il faut joindre à cet amant-là,
Lucas & Jérome,
Colas & Guillaume,
Baftien, Julien & cætera,
Et pafs' pour ça, & pafs' pour ça

CHANSON

Air . *Je fuis Lindor.*

De s'engager, pourquoi tant fe défendre
C'eft retarder l'inftant de fon bonheur ;
Pour réfifter , on tourmente fon cœur.
L'amour finit toujours par vous le prendre.

Dès qu'une fois , on confent à fe rendre,
C'eft pour jamais qu'on fe laiffe attacher ,
Au tendre amour, on ne peut s'arracher,
Il tient trop bien ce qu'il a fçu nous prendre

Jeunes beautés , gardez-vous bien d'attendre
Aimez, aimez, jouiffez, hâtez-vous.
L'âge flétrit les attraits les plus doux ,
L'amour alors n'a plus rien à vous prendre.

CHANSON.

Air : *Le petit mot pour rire.*

Dans de riches appartemens,
On a vingt meubles différens,
Un seul m'est nécessaire
Mieux qu'avec un sopha doré,
Mon petit reduit est paié,
　D'une simple bergere

❧　❧

　L'étoffe en est blanc satin,
Elle a de la fleur du matin,
La fraicheur printaniere :
Le luftre en est auffi parfait,
Que le jour même que j'ai fait
　L'effai de ma bergere.

❧　❧

　Dans ses contours bien arrondis,
Entre deux couffins rebondis,
Mon bonheur se refferre .
J'aime à m'y fentir à l'étroit ;
Si chaudement, quand il fait froid .
　Je fuis dans ma bergere !

❧　❧

　Le jour, la nuit, fans embarras,
Joyeux, je goûte dans les bras
Un repos falutaire

Avec délices (188) je m'étens ;
Ah ! quel plaifir quand je me fens
Au fond de ma bergere !

❧   ❧

Elle charme tout connoiffeur ;
Mais c'eft moi feul qui par bonheur,
Me fers de ma bergere :
Je n'en fors qu'avec regret,
Souvent j'y rentre & j'y voudrois,
Paffer ma vie entiere.

RONDE DE TABLE.

Air : *Avec ma marmotte.*

Verfons, verfons à grands flots,
Le doux jus de la treille ;
On ne trouve les bons mots
Qu'au fond de la bouteille,
    Dans tout feftin
    C'eft le bon vin,
Chers amis qui fait dire,
Le petit mot pour rire.

❧   ❧

Bacchus, il n'eft fous ta loi
Préjugé qu'on ne brave,
Sous ton empire, on eft roi,
Tout autre rend efclave :
    Quand ta liqueur
    Charme le cœur,

Le plus diſcret (189) ſait dire
Le petit mot pour rire.

�ялⷺ   ✧

L'Agnes , avant le repas ,
Pour un rien s'effarouche ,
Timide , elle n'oſe pas
A peine ouvrir la bouche ;
  Qu'un peu de vin
  La mette en train ;
Elle entend & ſait dire
Le petit mot pour rire.

✧   ✧

Je renonce de bon cœur ,
Fortune , à tes largeſſes ;
Tu detruis la bonne humeur
En donnant tes richeſſes
  Pour être heureux
  Moi je ne veux ,
Que le pouvoir de dire
Le petit mot pour rire.

✧   ✧

Eſt-ce au faite des grandeurs ,
Qu'on trouve l'allégreſſe ?
Les dignités , les honneurs
Enfantent la triſteſſe ;
  Le rang , le bien ,
  Ne me font rien ,
S'ils m'empêchent de dire
Le petit mot pour rie.

La gaieté (190) que nos ayeux
Faifoient briller à table,
Aux biens les plus précieux,
Me femble préférable.
Comme ils chantoient,
Comme ils buvoient,
Comme ils aimoient à dire,
Le petit mot pour rire!

Chez nous tu vins tout changer,
Funefte anglomanie,
L'enjoument eft étranger
Dans ma patrie.
Par tout l'ennui
Regne aujourd'hui,
Et l'on n'ofe plus dire
Le petit mot pour rire.

Notre hôte peu curieux
De fe mettre à la mode,
S'en tient, & fait beaucoup mieux,
A l'ancienne méthode
Tout fon plaifir
Eft qu'à loifir,
Chez lui on puiffe dire,
Le petit mot pour rire.

CHANSON.

Air : *Je suis Lindor.*

Sexe charmant, pourquoi tant se défendre
Contre un amant, s'il est fait pour tenter,
Le vain honneur d'avoir sçu résister,
Peut-il valoir le plaisir de se rendre ?

❧ ❧

En gémissant - la raison inhumaine,
Du tendre amour rebute les désirs,
Pour se priver du plus doux des plaisirs :
Que sert, hélas ! de prendre tant de peine ?

❧ ❧

Dans vos refus, l'esprit seul vous inspire,
Il parle en vain. un bel œil le dédit.
Belles, chez vous, ce que la bouche dit,
N'est pas toujours ce que le cœur veut dire.

ROMANCE.

Air · *Amusez-vous, jeunes fillettes, &c.*

Amusez-vous, jeunes fillettes,
Mais songez qu'il est des dangers,
Sur les gazons, sous les coudrettes
N'allez point avec les bergers,
Ils ont l'air doux, simple & modeste,
Mais c'est un piége que cela,

Si-tôt qu'on (192) les écoute zeste,
Ta, la, la, la, l'amour eſt là.

🕊 🕊

Liſe dormoit ſur la fougere,
Blaiſe approcha d'un pas diſcret ;
Adroitement ſa main légere,
Gliſſe des fleurs dans ſon corſet ;
A ſon reveil elle fut ſurpriſe.
Le joli bouquet que voilà ?
Jette ces fleurs, petite Liſe ;
Ta, la, la, la, l'amour eſt là.

🕊 🕊

Blaiſe auſſi-tôt avec adreſſe,
Affecte un langage ſoumis,
Entre amis, malgré la jeuneſſe,
Le don d'un bouquet eſt permis :
C'eſt l'amitié la plus ſincere,
Liſe qui t'offre celui-là.
Je n'en crois rien, dit la bergere :
Ta, la, là, la, l'amour eſt là.

🕊 🕊

Au préſent d'un ami ſi ſage ;
Liſe ne peut ſe refuſer ·
Mais Blaiſe entreprit d'avantage,
Il voulut avoir un baiſer.
A mes deſirs ſois moins rebelle,
Perſonne ici ne nous verra.
Ah ! vous mentez, répondit - elle ;
Ta, la, la, la, l'amour eſt là

Blaiſe

Blaife plein (193) d'un feu qui dévore,
Eut le baifer qu'il defiroit.
Life en donna d'autres encore ,
Le nom d'ami la raffuroit.
L'amour flatté de fa victoire
Rit tout haut, en voyant cela.
Ah ! dit Life. qui l'eût pu croire !
Ta , la , la , la , il étoit là.

COUPLETS BACHIQUES

Air · *Un chanoine de L'Auxerois.*

On dit que le grave Appollon,　　bis.
Pour infpirer un nourriflon,　　bis.
Se fait tirer l'oreille ,
Mais quand je prens le verre en main,
Je le vois accourir foudain
Auprès de ma bouteille :
S'abreuver de ce jus charmant ,
Monter au Parnaffe en chantant
Et bon, bon, bon, que le vin eft bon ;
A ma foif j'en veux boire

C'étoit en ces momens heureux ,　　bis.
Qu'Anacréon , pere des jeux ,　　bis
Lui déroboit fa lyre ,
Et laiffant ronfler Apollon ;
Tandis que le double vallon ,
Plein d'un (N) tendre délire ,

Prônoit la gloire (194) de Phœbus,
Il chantoit au nom de Bacchus,
Et bon, bon, &c,

Quand Dieu fit périr l'univers ;   *bis.*
L'eau fe précipita des airs   *bis*
Les vagues écumantes
Noyerent l'homme dans leur fein.
Ah ! s'il eût nagé dans le vin
Ses levres expirantes
Auroient formés ces nobles accens ;
Mourons, mais mourons en chantant ;
Et bon, bon, &c.

Patriarches devant Noé,   *bis.*
Vous avez trop-tôt habité   *bis.*
Une terre ignorante ;
Si vous eufliez plutôt connu
Ce joli petit bois tortu,
Dont le fuc nous enchante.
Vous eufliez dans un doux tranfport
Dit, en béniffant votre fort :
Et bon, bon, &c.

Vin charmant, quels font tes attraits ! *bis.*
Le monde eft plein de tes bienfaits ;   *bis.*
Tu bannis fes allarmes ;
De la couronne de nos rois,
Lorfque tu fouleves le poids ;
Elle en a plus de charmes.

David en sçut (195) la vérité,
C'est pour cela qu'il a chanté :
Et bon , bon , bon , que le vin est bon ·
A ma soif il faut boire.

CHANSON.

Air : *Du Curé de Pompone.*

Tant que l'homme desirera
Plaisirs , honneurs , richesses ;
Pour les avoir il employera
Courage , esprit , adresse .
Tout le relevera , lalira ,
Du péché de paresse.

Une indolente qui n'aura
Rien vu qui l'intéresse ,
Dès le moment qu'elle aimera ,
Le dieu de la tendresse
Vous la relevera , lalira ,
Du péché de paresse.

Le poete qui dormira
Sur les bords du Permesse ,
La gloire le relevera
Plutôt que la richesse ;
Et le relevera , larira
Du péché de (N 2) paresse.

Un jeune (196) acteur qui restera
Tout court dans une piece
L'actrice avec lui qui jouera,
Si son jeu l'intéresse,
Vous le relevera, larira,
Du péché de paresse.

Un jeune époux qui ne dira

Qu'un mot de politesse,
Quelqu'amant plus poli viendra,
Qui parlera sans cesse
Et le relevera, larira,
Du péché de paresse.

Une veuve qui comblera
D'un amant la tendresse,
Et qui se tranquilisera
Dans ce moment d'ivresse ;
On la relevera, larira,
Du péché de paresse'

CHANSON.

Air : *Vaudeville du Maréchal.*

Chantons le goût de Cupidon,
Ce dieu s'est rendu forgeron,
Ainsi que Vulcain, son beau - pere ;
Il prend la trousse & le marteau,

Chante , & de (197) ce refrain nouveau ,
Fait dire à l'echo de Cythere .

> Tôt , tôt , tôt
> Battons chaud ,
> Tôt , tôt , tôt
> Bon courage ,

Il faut avoir cœur à l'ouvrage.

Vénus l'appelle , viens mon fils ,
De Vulcain prends donc les outils ,
Lui qui de malice regorge
Maman , je n'en ai pas befoin.
Je n'irai pas chercher fi loin ,
L'aimable Iris fera ma forge

> Tôt , tôt , tôt
> Battons chaud ,
> Tôt , tôt , tôt
> Bon courage ,

La voir donne cœur à l'ouvrage.

Voyez-vous fes yeux pétillans
De mille feux étincelans ;
La flamme vive , enchantereffe,
Embrafe le plus froid des cœurs ,
J'y puife les feux enchanteurs ,
Dont ma forge brûle fans cefle

> Tôt , tôt , tôt ,
> Battons chaud ,
> Bon courage.

La voir donne (N 3) cœur à l'ouvrage.

Ses doigts charmants (198) & ses beaux bras
Si ronds , si blancs , si délicats !
Pour forger , me servent de pinces ,
Avec eux je fais à plaisir ,
Chauffer mes traits , & fais tenir
Les plus forts comme les plus minces.
  Tôt, Tôt, Tôt
   Battons chaud ,
   Bon courage ,
La vous donne cœur à l'ouvrage.

Maman , je ne vous dirai pas ,
Quel est le lieu rempli d'appas ,
Où j'ai sçu poser mon enclume ,
Mais sitôt que j'y forge un dard ,
Le trait s'anime , brille & part ,
Plus je frappe , plus il s'allume :
  Tôt, tôt, tôt ,
   Battons chaud ,
  Tôt, tôt, tôt ,
   Bon courage ,
J'ai toujours le cœur à l'ouvrage.

CANTIQUE.

Lorsque le créateur
Mit l'homme sur la terre,
Pour combler son bonheur ;

Il lui permit (199) de faire
L'amour,
La nuit & le jour.

Abraham ce vieillard,
Dans la vie exemplaire,
A la servante Agard
N'a pas laissé de faire
L'amour
La nuit & le jour.

Loth Sodome quitta,
Laissant là sa famille ;
Mais il s'en consola,
Faisant avec ses filles
L'amour,
La nuit & le jour.

Salomon qui connut
La divine lumiere
Oublia sa vertu,
Pour le plaisir de faire
L'amour,
La nuit & le jour.

Samson qui mit à mort
Une armée entiere ;
Ne fut pas (N 4) assez sot

Pour s'empecher (200) de faire
    L'amour ,
La nuit & le jour.

La Madelaine en pleurs
Au Seigneur cherche à plaire;
Cette reine des cœurs
Etoit lasse de faire
    L'amour ,
La nuit & le jour.

Imitons d'Auguftin
    La pénitence auftere
Quand il quitta son train ,
Il ne pouvoit plus faire
    L'amour ,
La nuit & le jour.

Tous ces prédicateurs
Qui font trembler la chaire
Et reforment nos mœurs
Sont les premiers à faire
    L'amour ,
La nuit & le jour.

J'ai fait tous ces couplets,
Jeune Iris, pour vous plaire
N'en ferai-je jamais

Qui vous (201) engagent à faire
L'amour
La nuit & le jour?

CHANSON.

Je vais chanter ce petit folitaire
Par les humains tant fêté fur la terre ,
Qu'un doigt encenfe au défaut d'encenfoir ,
  Et que je nomme un chofe,
  Doublé de fatin rofe
Bordé de noir   *bis.*

Lorfque Tibule ou l'amoureux Ovide
Sacrifioit au dieu puiffant de Gnide ,
Pour temple alors il prenoit un boudou :
  Et pour victime un chofe ,
  Doublé de fatin rofe ,
Bordé de noir.   *bis.*

Un dieu puiffant , pour confervei les hommes
Du tems paffé jufqu'au fiecle où nous fommes ,
Avec efprit logeoit tout fon pouvoir
  Au fond d'un petit chofe ,
  Doublé de fatin rofe ,
Bordé de noir.   *bis.*

Qu'un érudit en (202) sa bibliothéque,
Possede au fond langue latine ou grecque,
Tout bonnement je borne mon savoir
          A feuilleter un chose
          Doublé de satin rose,
Bordé de noir.   bis.

🕊 🕊

Qu'un financier dans son palais immense,
Baille, en faisant le malheur de la France,
Moi plus heureux, j'ai pour étroit manoir,
          Un petit chose,
          Doublé de satin rose,
Bordé de noir.   bis.

🕊 🕊

Si par hasard la bordure étoit blonde,
Comme il s'en trouve assez parmi le monde ;
N'hésitez pas, car ils font leur devoir,
          Tout aussi-bien qu'un chose
          Doublé de satin rose,
Bordé de noir.   bis.

🕊 🕊

Qu'un conquérant veuille embraser le monde,
Bravant les dieux de la terre & de l'onde,
Il lui suffit, pour borner son espoir,
          De bien connoître un chose,
          Doublé de satin rose,
Bordé de noir.   bis.

🕊 🕊

plaideuse aimable auprès d'un juge austère
Si vous voulez, avancer votre affaire
la moyen sûr est de lui laisser voir
          ce joli petit chose
          doublé de satin rose,
bordé de noir.   bis.

Je plains le fort du malheureux
                              Narciffe ,
Trop de beauté a caufé fon fupplice
Jeunes blondins , s'il faut un miroir :
        Mirez - vous dans un chofe,
        Doublé de fatin rofe ,   *bis.*
Bordé de noir.

Le pere Adam qui commença le monde,
Qui poffédoit la fcience profonde,
Pour notre bien dépofa fon pouvoir :
        Au fond d'un chofe,
        Doublé de fatin rofe ,
Bordé de noir-   *bis.*

Vieux pénitens , enfermés dans le cloître,
Qui renoncez au plaifir de s'accroître :
Vous ignorez ce que c'eft que d'avoir
        Un joli petit chofe,
        Doublé de fatin rofe,
Bordé de noir.   *bis.*

Jeunes amans qui vous plaignez fans ceffe
De la rigeur de vos cheres maîtreffes
Vous perfiftez , mais toujours dans l'efpoir,
        D'avoir un jour leur chofe,
        Doublé de fatin rofe ,
Bordé de noir.   *bis*

Gentil objet d'une (204) humeur vive &
belle ,
Qui defirez toujours chanfon nouvelle :
Chantez la mienne , elle eſt d'hier au foir ,
Faite à côté d'un chofe ,
Doublé de fatin rofe ,
Bordé de noir.   *bis.*

F I N.

Correspondance de Mme Gourdan

Cet exemplaire a servi à la réimpression de Mr Poulet - Malassis
et comme il est dit dans la préface
de la réimpression, notre exemplaire
contient les billets autographes du
chev^r de Fiis.

Bruxelles, ce 2^y mai 1875

a. Blanche

CPSIA information can be obtained at www.ICGtesting.com
Printed in the USA
LVOW09s0520300316

481353LV00010B/53/P